小红书广告营销

吴迎红 著

化学工业出版社
·北京·

内 容 简 介

本书结合作者在新媒体领域丰富的研究实践经验，紧紧围绕当前新媒体电商产业的发展趋势，系统阐述小红书平台的营销思路、投放工具与推广方法，旨在提供一站式小红书广告营销方案，帮助读者解决小红书平台运营过程中的疑点、难点与痛点。

全书共分为7章：第1章主要概述超级独角兽——小红书平台的蜕变之路、用户行为模式，并详细分析小红书广告投放的实战秘籍；第2章详细讲解小红书广告营销的模型工具，涵盖内容模型、投放模型、转化模型等；第3章分别从品牌定位、互动攻略、营销变现等三个维度，剖析小红书内容营销的实战技巧；第4章重点阐述小红书达人推广的策略与技巧，涵盖KOL、KOC、电商直播等相关内容；第5章重点讲解小红书营销种草的运营玩法，帮助企业有效利用小红书平台实现营销增长；第6章深度剖析小红书广告投放与优化策略，如投放流程、竞品分析、量化指标、经验复盘等，旨在为企业提供有效的广告投放指导；第7章重点分析美妆、母婴、教育、婚纱摄影等热门行业在小红书平台上的广告营销实践，并通过对广告营销案例的详细拆解，帮助小红书达人、品牌商家和MCN机构深度了解小红书广告工具，实现流量变现。

图书在版编目（CIP）数据

小红书广告营销 / 吴迎红著 . -- 北京：化学工业

出版社，2025.6. -- ISBN 978-7-122-47997-6

Ⅰ . F713.812; F713.365.2

中国国家版本馆 CIP 数据核字第 2025BC8353 号

责任编辑：夏明慧   封面设计：子鹏语衣

责任校对：王鹏飞

出版发行：化学工业出版社 (北京市东城区青年湖南街 13 号   邮政编码 100011)

印   装：三河市双峰印刷装订有限公司

710mm×1000mm   1/16   印张 13   彩插 2   字数 199 千字   2025 年 9 月北京第 1 版第 1 次印刷

购书咨询：010-64518888   售后服务：010-64518899

网   址：http://www.cip.com.cn

凡购买本书，如有缺损质量问题，本社销售中心负责调换。

定   价：69.00 元

前言

　　随着社会经济的不断发展和市场竞争的日益激烈，广告营销行业也在经历一场前所未有的变革。从传统的服务性广告到现代广告营销，体现的不仅是技术的创新和工具的更迭，更是组织结构、商业模式乃至整个生态系统的全方位重构。

　　与传统广告营销相比，现代广告营销具有数据驱动、双向沟通、用户为中心以及情绪引导等特点。与之对应，广告营销的渠道也正发生转变，社交互动和内容分享平台成为品牌营销的重要阵地。社交网络市场的迅猛发展，不仅为用户的社交提供了便利，而且使得各个渠道的信息都潜移默化地影响了用户的观念和行为。其中，作为具有代表性的生活方式平台和消费决策入口，小红书依托于"购物笔记"评价推广机制，培养了一批优质的内容创作者，形成了独特的UGC（用户生成内容）社区分享氛围，打通了人群反漏斗破圈链路，成功让众多用户主动被"种草"。

　　近几年，移动互联网时代的流量红利仿佛已经消失殆尽，但小红书却呈现出强劲的发展势头。2023年，小红书的月活跃用户数为3.12亿，比2022年增长20%，成为国内月活跃用户数增长最快的大型社交媒体平台。从年龄维度来看，"90后""00后"等年轻用户占比超过70%；从性别维度来看，女性用户的占比接近80%。从用户画像中可以看出，小红书能够为品牌营销提供广阔的运作空间。

在小红书平台，KOL（关键意见引领者）、KOC（关键意见消费者）等内容创作者的影响力日益凸显。小红书培养了用户"主动搜索"的习惯，当用户想买一款具备某种功能的产品时，可以在小红书上搜索相关信息，而 KOL、KOC 等内容创作者通过精美的文案、配图介绍产品，能够吸引具有相关需求的用户。小红书内容分发机制的核心逻辑是特征匹配，系统可以根据笔记所涉及的标签、话题、关键词等信息与用户需求特征进行匹配，并将内容分发给特征匹配的用户。在这个过程中，KOL、KOC 等内容创作者不仅仅是信息的传播者，还是品牌与用户沟通的桥梁，是整个广告营销生态系统中必不可少的一环。此外，从"种草"生态的角度看，与微博、B 站的被动"种草"不同，用户在小红书上实际是主动被"种草"的。

小红书平台多元化的内容创作土壤，使得品牌在进行广告营销时可以采用多样化的形式。除传统的图文内容外，品牌可以与调性契合的内容创作者合作，以话题讨论、短视频、直播等方式吸引目标用户关注。短视频、直播等方式的内容创作空间大，能够在短时间内传递更多信息，增强与用户的互动效果，"种草"效果自然也就更加理想。

随着用户规模的不断扩大，品牌在小红书上进行广告营销时，需要对目标用户画像和平台用户画像进行分析对比，深耕垂直细分领域，采取精细化运营策略，从而提升用户转化率和忠诚度。而且，在广告营销变革期，品牌进行广告营销时更应该回归本源，广告营销的核心始终是沟通与传播，高质量的广告营销应通过有价值的内容全面精准地传递品牌理念，增强与用户的情感联结。

本书结合笔者在新媒体领域丰富的研究实践经验，紧紧围绕当前新媒体电商产业的发展趋势，系统阐述小红书平台的营销思路、投放工具与推广方法，旨在提供一站式小红书广告营销方案，帮助读者解决小红书平台运营过程中的疑点、难点与痛点，并通过对广告营销案例的详细拆解，帮助小红书达人、品牌商家和MCN 机构深度了解小红书广告工具，实现流量变现。

由于笔者水平所限，不足之处敬请读者指正。

著 者

2025 年 3 月

目录

第4章 达人推广：
品牌曝光与转化的加速器

第 7 章 案例实践：
多行业小红书营销实战秀

第 1 章

小红书平台：
广告营销新宠，流量增长密码

1.1 超级独角兽养成记

蜕变之路：小红书的迭代升级

小红书创立于 2013 年，一开始用户在这里分享自己的购物经验，涉及的商品品类主要是美妆和个人护理品。后来社区内容的覆盖范围逐渐扩大，不仅包括服饰搭配、运动健身、数码家电等多个品类，还包含了一些较为小众的领域。作为一个社区分享平台，小红书沿着多元化的道路不断迈进，为许多新品牌和新产品提供了快速出圈的机遇。

小红书的定位是电商内容平台，与淘宝、京东等传统电商平台相比增加了内容维度，将内容与电商购物结合起来以完成变现，在小红书上内容是品牌转化的重要影响因素。

在内容取向上，小红书与抖音、快手等其他热门平台存在一定的差别。一些在其他平台上热度较高、较受欢迎的内容可能在小红书上反响平平。原因在于小红书属于种草型平台，有别于娱乐型平台等其他属性的平台。小红书用户有着独特的需求和取向，很多时候其他平台内容的成功经验无法照搬到小红书上来。

在流量趋势上，小红书不常出现短时间内流量暴涨的现象，且小红书的流量一般不会直接转化成带货收益。不过，小红书的流量具备较强的长效性，能够提高种草成功的概率，塑造起用户对于品牌相对稳固的认知，从而对用户的消费决策产生影响。

2013 年，一份名为"小红书出境购物攻略"的 PDF 文档在网上走红。同年 12 月，小红书正式推出了移动应用，将平台定位为海外购物分享社区。

小红书的标语随着其发展阶段的不同也在不断变化。2014 年，小红书的标语为"找到国外的好东西"；2015 年，小红书将标语改为"找到全世界的好东西"；2016 年，小红书再次对标语进行调整，将"全世界的好生活"作为新标语；现阶段，小红书的口号已经调整为"标记我的生活"。小红书的商业化程度也越来越高，且正在不断进行战略升级。从发展历程上来看，小红书依次经历了 1.0 到 3.0 三个发展阶段，如图 1-1 所示。

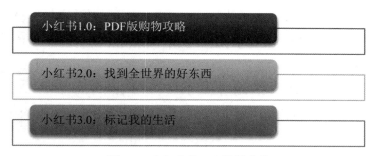

图 1-1　小红书的三个发展阶段

▶ ①小红书 1.0：PDF 版购物攻略

2013 年，小红书以 PDF 文件的形式发布了名为"小红书出境购物攻略"的入门级海淘攻略，这是小红书的第一个产品，能够为用户获取海外购物信息提供方便。公开数据显示，截至 2013 年 10 月，"小红书出境购物攻略"被下载次数达 50 万次，受到了大量用户的欢迎。但由于 PDF 文件并非碎片化信息，也无法实现与用户之间的双向实时互动，难以有效增强用户与平台之间的黏性，因此小红书开始向内容社区转型发展。

2013 年 12 月，小红书 App 在苹果应用商店上线，并搭建起 UGC 内容社区的基本框架。在这一时期，海淘市场成熟度较低，小红书也不具备购物交易属性，但能作为海淘用户分享信息和互动交流的平台，为消费者海外购物提供方便。小红书集成了大量真实的海淘信息和消费用户，认知度和影响力迅速攀升，并积累起一定的口碑。同时，UGC 也为产品的推广提供了支持，小红书逐渐成为用户分享产品和信息的重要平台。

▶ ②小红书 2.0：找到全世界的好东西

用户在小红书平台中所分享的内容具有较高的真实性，对用户实际需求的针对性较强，这为小红书积累影响力和认知度提供了强有力的支持，同时也为小红书吸引了更多精准的高黏性用户。在这一阶段，小红书已经能够影响许多用户的消费决策，当用户在其他平台或线下门店购物时，都可能会打开小红书搜索相关信息，因此许多品牌将小红书看作广告投放的重要平台，但为了保护用户体验，小红书选择开放电商经营。

随着跨境电商日渐火爆，各大互联网企业纷纷在海淘市场布局，陆续推出天猫国际、网易考拉和京东全球购等跨境电商平台。同时，各项相关政策的出台也为跨境电商的发展提供了强有力的支持。小红书顺应跨境电商发展趋势，为用户提供跨境电商服务。小红书的电商团队采集和分析社区前端的评论数、点赞数和笔记发布数量等各项相关数据，并根据这些数据进行选品，充分保证选品的精准性，同时打造购物体验闭环，为用户购买海外商品提供方便。

小红书既能确保商品为正品，也拥有大量优质流量，可以在此基础上采用"社区＋电商"模式，进一步实现商业化转型。2015年，腾讯、元生资本、纪源资本和金沙江创投等多家企业的投资人开始对小红书进行投资，小红书的市值得到了大幅提升，同时也拥有了更多的发展资源。

▶ ③小红书3.0：标记我的生活

2017年，跨境电商行业发展滞缓，小红书再次转型，从产品、运营、营销策略等多个方面入手进行革新，充分发挥明星效应，借助明星的影响力带动平台流量，实现了从海淘购物社区到生活分享社区的转型，并采取多种方式不断提高社区活跃度。

近年来，小红书在年轻用户群体中的知名度不断升高，有越来越多的年轻女性用户开始通过小红书来获取、分享和交流各类信息，如美食、时尚、护肤、美妆、运动、电影、读书、母婴等。小红书中的UGC氛围也日渐浓厚，逐渐形成了明星效应、品牌宣传和电商变现共存并协同发展的社区生态。此后，小红书将"社区＋电商"作为主要发展模式，将明星效应作为发展的助力，大力推动整个平台稳定发展。

互联网的持续发展催生了越来越多的社交媒体，用户可以从这些社交媒体上获取各种各样的信息。当消费者在购物过程中遇到自己不熟悉的品类时，往往会去搜寻相关信息为自己提供参考，比如参阅本品类商品的用户测评。而内容种草正是小红书的本质，这将对消费者的购物决策产生影响，因此在消费的转化上，小红书的流量拥有更高的效率。

商业创新：社交电商的破茧之路

从商业模式上来看，小红书的核心是社交电商。具体来说，小红书平台集成了内容创作、社区互动和电商销售等多项要素，能够为用户的购物和社交等活动提供支持。小红书的商业模式主要包括以下6个要素，如图1-2所示。

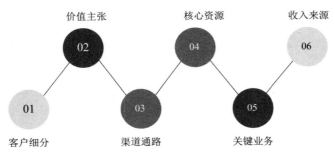

图 1-2 小红书商业模式的 6 个要素

▶ ①客户细分

在小红书平台中，关于美妆、时尚等方面的内容较多，对年轻女性的吸引力较大，因此小红书的用户也大多为年轻女性。除女性用户外，小红书也在通过提高内容的丰富性等方式来吸引男性用户，扩大市场。

▶ ②价值主张

小红书是用户获取和分享真实产品信息的平台，也是用户交流和沟通的重要渠道。用户可以在小红书平台上创作和发布笔记，分享产品使用感受等信息，也可以搜索和浏览其他用户发布的笔记，被笔记内容种草并产生购买意愿，购买产品后的用户也可以继续发布新的笔记，从而形成逻辑闭环，促进内容产出，同时也能加强产品与笔记内容之间的联系。

从社区价值观方面来看，小红书平台以"商业与社区共赢"为原则，要求用户真诚分享、友好互动，要求商家和品牌真诚经营、用心创造，并为各项具有创造性的商业活动提供支持。

▶ ③渠道通路

现阶段，小红书平台主要有 App、小程序和网页端三种访问渠道。其中，App 于 2014 年上线，是上线时间最早、便捷度最高的一种访问渠道；小程序于 2021 年上线，支持用户通过其他平台进行访问；网页端于 2023 年 2 月上线，支持用户通过网页进行访问。

▶ ④核心资源

小红书平台拥有用户的真实推荐和反馈、品牌商家和广告主、数据和技术等多种资源。其中，用户的真实推荐和反馈是小红书的核心资源，主要来源于用户发布的评论和笔记，能够为小红书建立起一定的竞争优势，用户可以根据这些内容进行消费决策，确保决策的合理性和明智性。

从商业模式的角度来看，小红书的收入主要来源于品牌商家投放的广告和产品的推广合作。对品牌商家来说，需要通过在小红书平台中购买广告位和合作推广的方式来提高曝光量和销量。

小红书可以利用数据分析工具对用户行为、购买偏好等数据信息进行分析，并根据分析结果向用户提供相应的推荐服务，确保呈现给用户的内容符合用户的需求和偏好，以便进一步提高用户黏性和交易转化率。不仅如此，小红书还充分发挥大数据、人工智能等先进技术的作用，加强技术创新，借助各种技术手段来优化用户体验和广告投放效果，提高推荐的精准性，并赋予平台更多功能。

▶ ⑤关键业务

小红书的关键业务包括平台运营、内容运营、用户运营、广告合作和招商维护等。小红书平台不仅是消费决策的入口，也是一个网络社交平台，支持用户进行主页创建、用户关注、笔记评论、笔记点赞和内容分享等。

小红书平台具有社交属性。用户可以在小红书平台上与其他用户进行交流和分享，也可以从其他用户分享的内容中获得灵感，通过与其他用户的交流获得有用的信息。在小红书平台中，每个用户都可以成为内容创作者，以视频笔记或图文笔记的形式发布产品评测、购物心得、旅行攻略等内容，分享自己的生活和经验，也可以通过分享积累一定的粉丝，获得一定的影响力，甚至打造出自己专属的品牌形象。

为了维护社区秩序，保障用户权益，小红书平台充分发挥用户举报机制、违规行为监测和用户生成内容审核等功能的作用，防止平台中出现不合规的内容。与此同时，小红书还在不断加强广告合作和招商维护，并在合作中帮助品牌进行产品推广和品牌建设，从而扩大产品的营销范围，提高品牌的影响力。在小红书平台的支持下，品牌也可以开展一系列活动来提升自身的曝光度和认知度，如邀请用户试用和评测、推出限量产品等，以便获得更高的营业额。

▶ ⑥收入来源

广告和推广合作是小红书的主要收入来源之一。一般来说，为了提高销售额，品牌会通过购买广告位、合作推广等方式来获得更多曝光，进而增加销量。除此之外，电商功能也能够为小红书平台带来一定的佣金收益，当用户通过小红书购入商品时，小红书平台就会获得一定量的佣金。

平台魔力：品牌营销的 6 大超能力

品牌在小红书上可进行互动式种草，进而对消费者的消费决策产生影响。同时，小红书还能够协助品牌方打造流行热点以进行品牌推广。由此，小红书实现了对站内品牌的赋能，为品牌创造了商业价值。具体而言，小红书赋能品牌营销主要体现在以下 6 个方面，如图 1-3 所示。

图 1-3　小红书赋能品牌营销

▶ ①助力新品牌养成模式

通过用户的内容分享传播品牌口碑，实现口碑的沉淀，帮助新品牌积攒起一定的声量，这样消费者在进行相关品类的选购时，会将新品牌纳入选择范围，由此新品牌得以在市场竞争中迈出第一步。

好产品能够在新品牌成长的过程中发挥关键作用，一款好产品能够吸引用户的关注，同时赢得用户的信任，初步建立起品牌的口碑。而后该品牌发布的更多好产品将继续得到用户的肯定和赞赏，同时用户的分享将迅速扩大产品的影响力，树立起品牌的良好形象，由此该品牌将逐渐在行业内取得领先地位。

▶ ②用户驱动产品开发与营销

从用户发布的体验笔记中了解用户使用产品后的反馈，掌握用户的需求和喜好，进而发掘产品的更多卖点。以眼霜这一品类为例，用户购买眼霜主要是为了解决眼周细纹和眼部松弛问题，品牌方可针对用户此方面的痛点进行后续的产品开发和营销。

除了用户发布的内容之外，品牌方还可了解用户所关注的内容，根据用户的兴趣和取向选择博主达人，策划活动内容。我们仍以眼霜品类为例，该品类的用户较多关注"去黑眼圈""抗皱"方面的内容，品牌营销则可以此为方向。

▶ ③品牌新赛道的建立

品牌进入成熟和稳定阶段后，站内种草可帮助品牌实现新目标，即开辟新的产品赛道。在新的赛道上，用户的认知还有待形成，在这种情况下应充分发挥种草的作用，使得用户在短时间内建立起对品牌的认知，帮助品牌在新赛道上占得先机。

举例来说，2021 年，上汽通用五菱与小红书展开合作，共同发起了"潮妆"活动，参与到汽车改装这一新赛道中来，用户可按照自己的喜好改变五菱宏光MINI EV 这款车型的外观。五菱通过这次活动开拓了品牌新赛道，提升了品牌的声量，也提高了品牌的销量，如图 1-4 所示。

图 1-4　五菱 × 小红书的"潮妆"活动

▶ ④品牌与用户的沟通互动

品牌方围绕种草内容与用户展开沟通和互动，与用户建立更加亲近的关系，加深彼此之间的了解，提升用户对品牌的信任度和忠诚度，形成相对稳定的用户群体，有助于品牌的长期发展。

比如，通过沟通和互动，品牌方可以了解到用户使用产品后的反馈、用户现阶段的实际需求，以及用户所关注和感兴趣的内容和趋势，同时用户也可以获得更多关于品牌和产品的信息。

▶ ⑤潮流热点与内容共创

小红书经常会利用潮流热点与用户进行内容的共创，并开展线下活动。比如，在"便利店调酒"这项活动中，用户可前往全家便利店体验调酒，便利店提供调酒柜台以及写有调酒教程的卡片，调酒所用材料可直接从便利店购买。这项活动简单而有趣，受到不少年轻人的喜爱，而在活动中出现的饮料和酒类品牌则借此机会抢占了用户心智，扩大了品牌影响力，如图 1-5 所示。

图 1-5　小红书 × 全家的"便利店调酒"活动

此外，小红书还利用露营、冰雪运动、"早 C 晚 A"等潮流趋势进行内容的共创，借助共创内容推广相关的品牌，提升品牌声量，帮助品牌在其所处赛道中抢占先机。

▶ ⑥营销节点助力品牌增长

营销节点体现为大型促销节日，可利用节日的话题性扩大营销的影响，此外针对营销节点可推动多品牌的合作。举例来说，在"双旦"这一营销节点，消费者会对快消、美妆、珠宝、食品饮料等多个品类的商品产生需求。因此相关行业的品牌可借助小红书平台推出促销活动，利用明星、KOL 等的影响力提升活动和品牌的曝光率，并为点赞与评论活动笔记、关注品牌账号的用户发放福利，引导更多的用户参与活动。

从品牌的角度来看，营销节点是提升站内搜索量、扩大产品影响力的良机，尤其是小众品牌和新品牌可以借此机会吸引更多用户的关注，不同的品牌在不同的营销节点采取的营销策略会有所不同。

总之，通过小红书平台上的营销活动，品牌方能够达到提升品牌声量的目的。品牌站内搜索量的增加意味着更多用户的关注，关注度的累积将使新品逐渐成长为爆品。品牌在小红书平台取得的营销成果也将扩展到其他的电商平台，帮助品牌在其他平台占据更高的搜索排名，实现从流量向现实收益的转化。

流量密码：小红书分发机制大揭秘

小红书采用社交与电商结合的模式，是如今数字营销领域的重要平台。要想在小红书上实现成功营销，获取到更多的流量，就需要掌握其流量分发机制。下面，我们将从底层逻辑入手对小红书的流量机制进行分析。基于对流量机制的理解，创作者可以提高其内容的曝光率以及与用户之间的互动量。

▶ ①小红书流量构成

小红书流量由三部分构成，分别是推荐式流量、搜索流量、付费流量，如图1-6 所示。它们各具特点，对应不同的优化策略。

a. 推荐式流量。推荐式流量属于自然流量，是创作者从平台处免费获取到的。按照笔记质量以及用户互动数据，平台将内容放入对应的流量池，内容的个性化推荐、互动情况、质量是获取这类流量的关键因素，因此创作者要重视内容质量和互动性的提升，以增加内容的可见性，获得更多的推荐式流量。

b. 搜索流量。搜索流量拥有较高的精准度，在使用关键词进行搜索后，用户将得到其要找的内容，在此过程中用户有着明确的意图。搜索流量可通过关键词实施优化，并且具备长期效应。为了更好地利用搜索流量，创作者要掌握目标用户的搜索习惯，对关键词进行合理设置，让自己创作的内容在搜索结果中取得更高的排名。

图 1-6　小红书的流量构成

c.付费流量。"薯条"是小红书提供的一种笔记加热工具，购买此工具后创作者可提升笔记内容的曝光率，通过这类方式获得的流量就属于付费流量。付费流量能够对内容进行精准定位，在短时间内实现内容的快速曝光，同时获取此类流量的成本是可控的。

▶ ②小红书内容算法机制

CES 评分系统（小红书用于衡量笔记在平台上受欢迎程度的评分机制）是小红书所采用的一种内容算法机制，平台借此机制对笔记互动和用户参与度进行评估。围绕 CES 评分系统和内容质量，小红书形成了自己的流量推送逻辑。

用户通过点赞、收藏、评论、转发、关注等方式与笔记进行互动，CES 评分系统围绕以上互动方式考察笔记的互动量，并计算 CES 评分。笔记的推荐程度和曝光率将在很大程度上取决于此评分。CES 评分的计算方法为：CES 评分 = 点赞数 ×1 分 + 收藏数 ×1 分 + 评论数 ×4 分 + 转发数 ×4 分 + 关注数 ×8 分。

平台在推荐内容时会重点考虑内容的质量，吸引力更强、价值更高、互动性更好的内容将取得更高的 CES 评分，从而分配到更多的流量。因此，创作者要重视内容价值的提升和内容深度的挖掘，以便吸引更多的用户与内容进行互动。

▶ ③流量推送的时间节点

在不同的时间节点，小红书的流量推送状况会存在差异。因此，创作者需参考时间节点选择适当的发布策略。

a. 发布初期。平台的基础流量是笔记吸引力的首次验证，点赞、评论等笔记发布初期的互动数据关系到笔记能否到达推送的下一阶段。

b. 24 小时关键期。对于笔记而言，发布后的 24 小时是一个关键期，在此期间表现出色的笔记有望被推荐到更大流量池中，实现曝光率的提升。

c. 7 天后的长尾效应。平台设置了长尾推荐机制，在该机制的支持下，高质量笔记可在发布后较长的一段时间内（一般为 7 天）持续获取流量。为了实现内容的长尾效应，创作者需挖掘内容的长期价值，根据用户反馈进行内容的持续优化。

▶ ④标签推送机制

小红书设置有标签推送机制，该机制根据用户的习惯和偏好进行个性化推荐，为用户推送与用户标签相匹配的内容标签。

▶ ⑤去中心化推送机制

小红书的推送机制是去中心化的，针对每一篇新发布的笔记，平台都将提供初始曝光量，从而促进竞争者间的平等，使那些处于起步阶段、尚未积累起大量粉丝的创作者也能参与竞争。在初始曝光量之外，笔记曝光量能否持续增加，能否在流量池中取得更高排名，取决于该笔记的内容质量及用户互动情况。

▶ ⑥环境推送机制

小红书设置了环境推送机制，该机制根据时间和环境的不同，为用户推送不同的内容。比如，用户在晚上往往有放松心情的需求，这时平台会推送一些有趣的故事，或是与美食相关的内容。在春节、"双十一"等传统节日或购物节，系统将围绕节日话题进行内容的推送，如介绍节日习俗、提供商品优惠信息等。

▶ ⑦付费推流机制

借助付费推流机制，品牌方和创作者能够迅速增加内容的曝光率。在用户的发现页和搜索结果中，参与付费推广的内容将占据更显眼的位置，内容的可见度会明显得到提升。通过掌握目标用户的兴趣、偏好等信息，品牌方可找到付费推广的准确对象，从而使付费内容得到更多用户的关注。

1.2 小红书用户探秘与行为解析

用户行为大赏：小红书里的众生相

千瓜数据发布的《2024 活跃用户研究报告（小红书平台）》显示，2024 年小红书的活跃用户超过 3 亿，其中 70% 的用户为女性，50% 的用户为"95 后"，35% 的用户为"00 后"，50% 的用户来自一、二线城市。总体来说，小红书用户主要有以下特点，如表 1-1 所示。

表 1-1　小红书用户的主要特点

用户特点	具体内容
乐于尝试	小红书上有大量的新品笔记、新品素材受到广泛欢迎，许多用户表示愿意尝试新创立的品牌和新推出的商品
消费力强	根据小红书的调研，调研用户每月在住和行基本需求之外的平均生活消费为 4100 元
热爱生活	小红书上有大量的生活笔记。2022 年小红书商业生态大会上发布的官方数据显示，61% 的小红书用户能够接受有助于生活品质提升的额外消费
热爱分享	据小红书 CMO（首席营销官）介绍，超过 4300 万小红书用户有过分享行为，分享内容包括测评、攻略等

前面提到女性用户在小红书用户中占比较高，下面我们对女性用户群体进行重点分析。小红书女性用户有以下共性特征，如表 1-2 所示。

表 1-2　小红书女性用户的共性特征

层面	共性特征
精神层面	重视生活品质，追求健康舒适、丰富多彩的生活
物质层面	有的女性用户生活在一、二线城市，拥有较高的收入水平和消费能力，也有的女性用户生活在三线及以下城市，她们的消费欲望和消费能力也在提升
价值观层面	重视自我价值的实现，将自立自主作为人生的追求，试图凭借自身创造幸福感和安全感
消费观层面	不局限于与外在形象有关的消费，也重视能够提升生活品质的消费，比如健康合理的饮食、精致舒适的居住环境等

以上阐述了小红书女性用户的共性特征，下面我们再来简单分析一下她们在消费活动中表现出的特质。

小红书女性用户在选择产品时往往会综合考虑多方面因素。第一，她们会将体验感作为重要的评价指标，这种体验感可能来自他人的评测；第二，她们会重视产品的科技感，追求强大的参数和先进的功能；第三，她们还看重产品的颜值和品牌力，有时精巧的设计或是影响力较大的知名品牌会得到她们的青睐。

在购买产品时，她们抱有的想法是用金钱换取时间与乐趣，同时容易受到潮流的影响，这决定了她们的消费行为往往比较积极，并且很多时候会出现冲动消费的情况。

以上谈论的是小红书女性用户在消费活动中展现出的较为普遍的特质，而实际上用户在消费时会受到社会、文化、心理等多种因素的影响，从而表现出不同的购买欲望和态度，做出不同的购买行为，这意味着在消费活动中存在多个群体，不同群体之间可能差别迥异。

因此，品牌方需要对用户群体做出精确的定位和划分，并从中准确地找到自己的目标用户。用户群体的划分有多个参考指标，包括性别、年龄、地域、职业、收入、受教育程度等，这些都属于用户基本信息层面的指标。此外，还可以从兴趣爱好、生活习惯、想法、价值观等维度出发进行用户群体的划分。

人群画像解码：深度剖析小红书女性用户

还是以女性用户为例，根据对用户行为特征的洞察，我们可以将小红书女性用户分为四个群体，分别是潮酷女孩、新锐白领、职场女王、精致妈妈（如图1-7所示），她们的消费理念、消费行为各不相同，品牌方可据此确定自己的目标用户。

图1-7　小红书女性用户的群体类型

► ①潮酷女孩

这部分用户的年龄往往不超过 25 岁，她们成长于互联网时代，对各种新兴事物有着浓厚的兴趣，酷爱时尚，乐于追赶潮流，在地域上的分布并不集中。在消费观方面，她们看重兴趣和体验，并乐于尝试。

► ②新锐白领

这部分用户的年龄以 25 ～ 30 岁为主，主要分布在经济较为发达的城市，收入水平相对较高。在消费观方面，她们注重生活品质的提升，对家电、数码、图书、个护、家居等品类均具有较高的消费倾向。

► ③职场女王

职场女王是在职场中取得一定成功的高收入女性群体，年龄主要分布在 30 ～ 35 岁这一区间，且大多生活在一、二线城市。在消费观上，她们追求消费中的获得感，重视个人喜好的满足。同时也关注商品的细节。

► ④精致妈妈

有相当一部分精致妈妈分布在 35 ～ 38 岁这一年龄段，在地域上并不集中于特定层级的城市。她们需要兼顾工作和育儿，也看重自我与家庭、事业的平衡。在消费观上，商品的实用性、性价比和口碑是她们所看重的因素。

女性用户的标签并不是固定不变的，一位女性可能在人生的不同阶段分别扮演不同的角色，比如随着年龄的增长，潮酷女孩会成为新锐白领。同时，女性用户群体间可能存在重叠，比如一位"职场女王"同时可以是一位"精致妈妈"。

面对不同的女性用户群体，品牌方要制定相应的营销策略。品牌定位完成后，需要清晰地描绘出目标用户的画像，深入洞察用户画像和行为是品牌成功种草的关键因素。尤其重要的是，目标用户与小红书用户需要有较高的重合度，这是品牌在小红书上种草的前提。

消费特征洞察：小红书购物新风向

在小红书平台上，消费者的心理随着时间的推移发生了一定的变化，他们不再单纯看重流行趋势和品牌效应，而将内在品质和创新性作为产品的重要评价指标。面对消费者心理的变化，品牌方需相应地调整产品策略，重视"产品力"和

"创新力"的构建。

产品品质在消费者心中占据的位置越来越重要,这使得那些能够生产高品质产品的品牌受到更多人的赞赏和认可,这些品牌将拥有稳固的消费者群体,取得长期性的收益。与此相反,有的品牌只是迎合一时的流行趋势,产品品质无法得到有效保障,产品的创新性不足,这些品牌将很快被消费者抛弃,在市场中无从立足。

由此可见,品牌方不应满足于赚快钱、追求短期利益,而需重视产品的品质和创新性,这是实现品牌长期发展的重要支撑。

▶ ①核心特征:追求品质生活

a. 深入人心的消费观念。在许多消费者看来,要想实现生活质量的提升,就要做到理性消费,把钱花到实处。因此,他们认为一味地追求品牌和顺应潮流并不是正确的消费观,同时在购物时要拒绝攀比心理。这些消费者主张在消费前全面地掌握与产品有关的知识,从自身需求出发,在自主判断的基础上做出消费决策。

b. 消费者为理性购物采取的策略。在购买前,消费者会货比三家,通过详细对比和谨慎衡量确定最佳选择。同时他们会通过品牌官方网站等渠道了解商品的优惠信息,以更实惠的价格购买商品。对于繁杂的推广信息,他们会注意甄别,而不是盲从轻信。

c. 自我需求成为决策的核心。市场上的产品种类繁多,为了销售产品商家采用了各种营销手段。面对活跃的市场,消费者不再盲目地追求潮流、热门和品牌效应,而是基于自我需求做出消费决策,选择最适合自己、与自身需求匹配度最高的产品。

d. 知识驱动的消费决策。值得买科技、艾瑞咨询联合发布的《2023 年中国消费者洞察白皮书》显示,55.7% 的消费者认为在购买产品前需要学习与产品有关的知识,以为决策提供参考,有 78.2% 的消费者表示欢迎品牌方主动提供产品知识,同时他们还会对这些知识进行二次验证。以上数据表明消费者重视知识在消费决策中的作用,并对知识保有清醒的自主判断意识。

▶ ②不同年龄段用户的消费特征

在小红书平台上,不同年龄段的用户呈现出不同的消费特征,如表 1-3 所示。

表 1-3　不同年龄段用户的消费特征

年龄阶段	消费特征
"80 后"	品牌探索意识强：乐于进行多方探索，在多次尝试后找到自己满意的品牌； 储蓄意识提升：注重储蓄，避免过度消费； 易受博主影响：很多时候会认可博主发布的推荐和测评，购买相应的产品； 偏好家居消费：家居用品是他们的主要消费品类之一，如家具和厨具等
"90 后"	品牌忠诚度高：会长期追随特定的品牌，并不惜为其付出溢价； 计划性消费：制订较为详尽的消费计划，按照购买清单进行消费； 信息获取全面：购物前通过多平台和渠道全面了解产品信息； 偏好时尚消费：倾向于时尚品类的消费，如箱包、服饰等
"00 后"	比较购物习惯：对比多家产品，从中选出性价比最高者； 理性种草：注意辨别推广信息，避免由于跟风而购买不需要的产品； 寻找平替产品：为了减轻负担，会选择产品的平价替代品； 偏好美妆消费：倾向于美妆和个护产品的消费

▶ ③小红书用户消费观念洞察

通过对小红书用户消费特征的分析，我们可以观察到小红书用户消费观念的转变，如表 1-4 所示。

表 1-4　小红书用户的消费观念

消费观念	具体内容
实用主义至上	小红书用户将实用性作为评价产品的重要标准，而不是单纯看重品牌和产品的外观。在他们看来，自己购买的产品应当能够满足实际的需求
品质胜于品牌	小红书用户重视产品品质，倾向于选择质量有保证、耐用性好的产品，单凭品牌很可能无法得到他们的青睐
性价比为王	小红书用户在购物时会重点考虑产品的性价比，价格合理、没有溢价的产品往往会成为他们的选择。不过重视性价比不代表将低价作为唯一标准，有时小红书用户也愿意付出较高的价格来实现生活品质的提升

除了以上提到的实用性、品质、性价比之外，小红书用户在购物时还看重产品的情绪价值、创新性和大众口碑，总之他们会对产品进行综合考量，而不是凭借价格、品牌等单一指标。

搜索行为探秘：小红书搜索的秘密

2023 年 12 月 17 日，小红书 COO（首席运营官）在 IF 大会（"极客公园创新大会 2024"）上对小红书的用户搜索行为进行了一番介绍。根据其提供的数据，有搜索行为的小红书月度活跃用户占到总数的 70%，42% 的用户在注册小红书的第一天就使用了平台提供的搜索功能，用户的主动搜索行为占到搜索行为总数的 88%，小红书用户搜索的内容对他们的消费决策产生了广泛的影响，受搜索内容影响的用户占总数的九成之多。由以上数据可见，搜索是影响小红书种草效益的关键环节。

下面我们将分析小红书用户的搜索行为。

▶ ①搜索用户比例

据小红书与投资者提供的数据，2023 年小红书的月活跃用户数达到 3.12 亿。根据小红书商业动态发布的数据，2024 年小红书的分享者超过了 8000 万。小红书庞大的月活跃用户和分享者群体生产了大量的信息，使得越来越多的用户选择在小红书进行信息搜索。

小红书官方数据显示，小红书中关于商品的搜索占到了总数的 40%，这体现了小红书作为一种搜索工具与传统搜索引擎的区别，即用户在小红书的搜索很多时候指向了消费决策。

此外，据小红书官方发布的《2024 小红书搜索推广白皮书》，截至 2023 年12 月，小红书男性用户的同比涨幅达到了 63%，同时与整体搜索用户相比，男性用户的搜索增速明显更快，搜索目的性也明显更强，可见与女性用户相比，男性用户在购物前更加依赖搜索。

▶ ②交互逻辑

通过小红书搜索，用户和产品之间将形成交互，搜索将转化为产品购买，交互逻辑包括认知、种草、深度种草、购买、分享五个环节，如图 1-8 所示。

图 1-8　用户与产品的交互逻辑

a. 认知。按照自己的兴趣方向，用户在小红书上搜索想要的内容，这是其初始心智行为。

b. 种草。通过关键词搜索，搜索用户会多次在小红书上看到同一类产品或服务的测评，由此产生对于此类产品或服务的兴趣，也就是通常所说的被种草。

c. 深度种草。当用户产生购买某种产品的意愿时，会主动搜索产品的相关信息，并且可能会将搜索结果分享给他人以寻求意见，这时搜索用户已进入深度种草阶段，其搜索的精准度将有所提升。

d. 购买。基于搜索了解到的产品信息做出购买行为，在用户看来，在搜索之后形成的购买决策往往是更加合理的。

e. 分享。用户购买产品后，根据自己的真实使用体验发布笔记，而后笔记会被推荐给其他对该产品感兴趣并进行了相关搜索的用户，为其提供消费决策参考。至此搜索用户成为搜索内容的创作者，交互逻辑的各个环节实现了循环。

▶ ③内容领域偏好

在分析小红书用户搜索行为时，需要掌握小红书用户在内容领域的偏好。据《2024 小红书搜索推广白皮书》，小红书的热门搜索领域包括教育培训、服饰鞋包、家居家装、美妆个护、科技数码等。截至 2023 年 12 月，小红书在 3C 家电行业、教育行业、出行旅游行业实现了搜索流量的同比高速增长，具体涨幅分别为 84%、173%、242%。

从性别角度看，男性和女性对科技数码、食品饮料的偏好是大致对等的，女性对服饰鞋包、家装家居、旅游等有着明显偏好，而汽车、游戏、家用电器等则更受男性喜爱。

从搜索决策角度看，在进行美妆、奢侈品、数码科技等品类的消费时，大多数的用户会采用搜索来辅助决策；在进行母婴、汽车、食品饮料等品类的消费时，通过搜索辅助决策的用户占到总数的 80% 以上；在进行婚纱摄影、旅游出行、医疗健康等品类的消费时，有半数以上的用户会用搜索辅助决策。

▶ ④搜索词类型

小红书用户使用的搜索词分为精准搜索和广泛搜索两类，如表 1-5 所示。

表 1-5　小红书用户搜索词类型

搜索词类型	具体内容
精准搜索	搜索时直接使用品牌词或品牌相关词，这类搜索有着较高的精准度，指向具体的品牌和产品，如使用"A 品牌"或"B 产品"进行搜索
广泛搜索	搜索时使用的关键词不会与特定品牌和产品形成关联，只涉及产品功效、使用场景等，比如"熬夜保健品""避暑神器"等词

小红书平台上的流量仍处于高速增长阶段，同时这里拥有天然的种草生态，因此小红书搜索正被越来越多的品牌方视作营销的重要阵地。

1.3 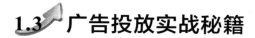 广告投放实战秘籍

薯条玩法：功能与操作全攻略

薯条是小红书推出的一款自助式广告投放产品，服务对象为品牌方和内容创作者。薯条可从阅读量、点赞量、收藏量、关注量等方面入手对内容互动进行优化，提升创作者笔记的曝光率。薯条平台可在 App 端实施操作。薯条平台功能规范如表 1-6 所示。

表 1-6　薯条平台功能规范

项目	功能规范
服务对象	所有小红书内容发布者，包括个人创作者、开店商家、企业号商家等
账号要求	无粉丝量、笔记发布量要求； 账号符合社区规范
内容要求	符合社区规范、薯条内容加热规范； 需要为近 90 天内发布的笔记
投放入口	App 端，笔记详情页、创作中心、专业号中心三个入口均可进入
展现形态	小红书发现页，让笔记被更多人看到
是否有相关标识	原生内容不打标，如含有商品链接等商业推销行为，根据相关法规进行相关标记

▶ ①薯条平台的特点

一般说来，个人博主和中小企业的专业广告投放能力不足，对于他们而言，

薯条的基础广告投放服务是一个不错的选择。薯条平台操作简单，不会设置太高的广告投放门槛。其核心优势体现在以下几个方面，如图1-9所示。

图1-9　薯条平台的核心优势

a. 多样投放目标。通过广告投放，可以实现多项目标，包括笔记阅读量的增加、粉丝数量的增长、点赞收藏量的上升等。

b. 转化量预估。在下单时可以看到转化量的具体范围，能够对投放效果有一个相对明确的把握。

c. 灵活选择时间和金额。投放时可以自行选择750薯币、1500薯币等不同的价位，同时投放时间以及投放时长也可自主选择。

d. 两种人群定向。可对投放的对象人群进行自定义，也可以接受智能推荐。

e. 实时数据跟踪。通过数据追溯实时掌握投放效果，对投放策略进行针对性调整。

▶ ②薯条平台的两种模式

薯条投放所采用的模式有"内容加热"和"营销推广"两种。

a. 内容加热。内容加热模式适用于内容创作者，他们有着较强的内容创作能力，追求账号的成长，但内容创作者的账号和笔记需达到一定的要求，在内容加热的帮助下，创作者可以实现多项推广目标。内容加热模式的投放要求与目标主要体现在以下几个方面，如表1-7所示。

表1-7　内容加热模式的投放要求与目标

项目	投放要求与目标
账号要求	内容创作者的账号需在最近28天内发布过至少两篇笔记，并且所发布的笔记应具备较高的质量

续表

项目	投放要求与目标
笔记要求	笔记要做到不违反内容规范，不掺杂营销元素，发布时间在 90 天以内的笔记不带有广告标识
推广目标	提升内容的阅读量、点赞量、收藏量以及创作者的粉丝量

b. 营销推广。营销推广的主要服务对象是中小企业和内容创作者，该模式可以助力品牌宣传，提供商品导购信息。营销推广对账号、内容、笔记等有着一定的要求，并且需要用到营销插件。营销推广模式的要求主要体现在以下几个方面，如表 1-8 所示。

表 1-8　营销推广模式的要求

项目	具体要求
账号要求	账号需拥有广告法规定的资质，对于粉丝和笔记数量不作要求
内容要求	不违反笔记的相关规定，可选择以硬广告的形式进行投放
笔记要求	可通过历史笔记进行投放，不过投放所用的笔记将带上赞助标识，此标识即当前信息流的标识
营销插件	可使用私信插件和商品卡片

▶ ③投放入口

方式一：打开小红书 App，点击【我】选项，进入笔记详情页，点击右上角【…】分享按钮，在下方弹出的浮窗中点击【薯条推广】，就可以进入推广页面，具体操作步骤如图 1-10 所示。

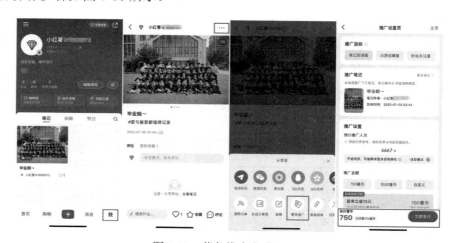

图 1-10　薯条推广方式（一）

方式二：在首页中点击【我】，点击左上角的三条横杠，进入小红书【创作中心】页面，在【创作服务】板块中找到【薯条推广】功能，具体操作步骤如图 1-11 所示。

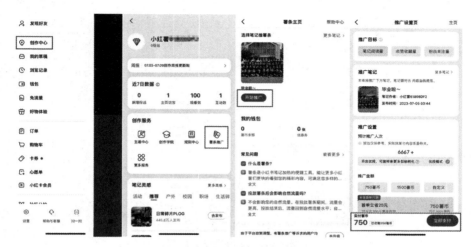

图 1-11　薯条推广方式（二）

▶ ④薯条投放的操作步骤

步骤 1：选定要进行投放的笔记，之后点击进入薯条平台的主页。

步骤 2：选择期望达到的推广目标，包括笔记阅读量、视频播放量、点赞收藏量、粉丝关注量等。

步骤 3：选择投放所支付的金额，数额从 75 元、200 元到 7500 元不等，同时投放金额也支持自定义。

步骤 4：选择投放市场和投放人群。

- 启动时间：可选择立刻开始投放，也可对投放开始时间进行自定义设置，订单审核通过后，将在先前设置好的时间启动投放。
- 推广时长：投放时长支持自定义，有 6 小时、24 小时、3 天、7 天等多个选项可供选择。
- 推广人群：确定推广人群时可采用两种不同的模式，即系统智能推荐和自定义人群。

步骤 5：提交订单，提交时选择所要采用的支付方式以及可用优惠，订单审核通过后薯条平台即开始进行加热。

聚光攻略：开启品牌曝光之旅

聚光是小红书所开发的广告投放平台，采用付费运营的方式。这一平台借助优质笔记促进品牌和产品曝光率的提高，吸引潜在客户的关注。信息流和搜索是进行广告投放时所采用的形式，笔记的广告性质会在封面图的右下角注明，具体的显示字样有广告、赞助、合作等。

聚光平台不只聚焦于单次流量价值，还重点关注小红书平台中的长效经营，让广告和自然流量之间形成相互作用的关系，有助于品牌方在小红书上获取长期利益，实现长期发展。聚光平台官方网站如图 1-12 所示。

图 1-12　聚光平台官方网站

▶ ①聚光平台的特点

聚光平台的特点主要体现在以下三个方面，如图 1-13 所示。

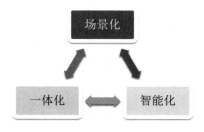

图 1-13　聚光平台的特点

a. 场景化。将小红书搜索与浏览场景相结合，采用 SPU（Standard Product Unit，标准化产品单元）作为细分维度，实现搜索与浏览两种场景之间的贯通。

b. 智能化。借助智能优化对人群实施精准定向，实现智能投放，可采用以目标成本为中心的出价策略。

c. 一体化。从种草笔记到效果广告，形成了一个关于转化交易的闭环，可进行蒲公英笔记的投放，同时笔记的内容能够与店铺或商品形成关联。

▶ ②投放类型

在聚光平台，有四种投放方式可供品牌方选择，它们分别对应不同的营销诉求，如图 1-14 所示。

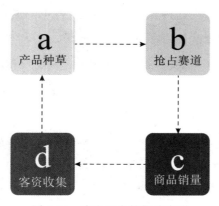

图 1-14　聚光平台的投放类型

a. 产品种草。激发用户对产品或服务的兴趣，使用户产生购买意愿。

b. 抢占赛道。占领用户心智，使产品或服务在其所处赛道内产生更大的影响。这种投放方式只能通过搜索来实现，提升所投放笔记在搜索结果中的排名，让用户在使用关键词进行搜索时更容易看到笔记，适用于垂直领域品牌。

c. 商品销量。采用电商推广功能，协助电商开展推广工作，推广的对象包括店铺商品以及直播间带货，提升目标用户的进店量和购买量，实现 ROI（Return on Investment，投资回报率）的提升。

d. 客资收集。借助表单、免费使用、咨询等方式进行客户信息的收集，获取目标用户的联系方式，并掌握其购买意向。有的行业需获取用户购买线索，并且其产品或服务的客单价比较高，如房产、装修、留学等，这类行业适合采用客资收集的投放方式。

▶ ③广告类型

聚光平台的广告类型主要包括以下四种，如图 1-15 所示。

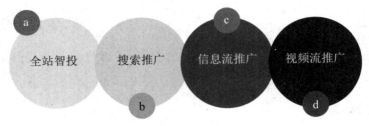

图 1-15　聚光平台的广告类型

a. 全站智投。借助智能投放，在小红书的站内优质流量处投放广告，在实施智能投放时系统会参考多方面的要素，包括广告主的属性以及广告的特征和素材，帮助客户在降低成本的同时提升广告投放量。

b. 搜索推广。相较于信息流推广，搜索推广在用户精准度方面拥有优势，同时竞争的激烈程度也更高。搜索推广根据用户搜索意图实施广告投放，用户使用关键词进行搜索后，会在搜索结果中看到广告。

c. 信息流推广。信息流推广将广告展现在用户的信息流中，由于广告是以自然内容的形式呈现出来的，因此不会对用户造成明显的干扰，使用户更易于接受。此外，当用户的行为和喜好发生变化时，广告内容会有相应的调整和更新。

d. 视频流推广。视频流是出现在聚光平台的一种新的广告类型，视频流推广设置有单列视频流场景，客户可在其中投放视频形式的笔记，使笔记的互动量得到提升。

▶ ④投放策略

对于广告主来说，在聚光平台上进行广告投放时，可以采取以下策略，如图 1-16 所示。

a. 制订投放计划。聚光投放首先需找准目标受众，掌握目标受众的兴趣和需求。而后根据目标受众的情况，并参考相同类型爆款笔记的成功经验，进行投放计划的制订，投放计划包括投放的时间、地域以及大致的投放内容。

b. 选择投放形式。从自身需求及预算出发，采用适当的广告形式进行聚光投放，有图文、视频、品牌专题等多种形式。

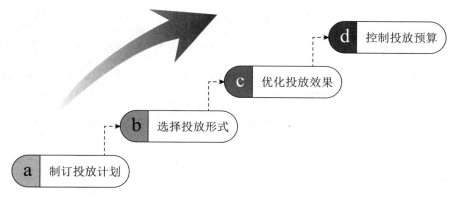

图 1-16 聚光平台的投放策略

c. 优化投放效果。参考笔记的点击率、互动率，以及账号的涨粉率等指标确定投放决策，同时对笔记封面和标题的吸引力进行评估，对投放实施相应的调整，实现投放效果的优化。

d. 控制投放预算。聚光投放的预算应控制在合理的区间内，投入过高会造成资源的浪费，投入过低则可能达不到预期的投放效果，无法覆盖足够的范围和人群。

▶ ⑤利用聚光平台实时优化

a. 数据监测与分析。对点击率、转化率、互动率等广告投放的相关数据进行监测和分析，以掌握广告的实际效果和表现，同时了解用户的行为模式。

b. 智能优化算法。通过机器学习和人工智能技术进行用户数据的分析，基于分析结果，从展示时间和频率、目标受众等方面入手对广告投放实施优化。

c. A/B 测试。A/B 测试即设置广告的不同版本并分别进行投放，通过版本间的比较挑选出最佳版本，确定最能吸引目标受众的广告内容和策略。

d. 动态调整广告内容。通过实时数据掌握广告的实际效果，并从图片、文案、创意等方面入手对广告内容进行相应的调整，提高广告内容对目标受众的吸引力。

e. 受众细分。分析用户的行为数据，总结用户的特征，由此进行受众群体的划分，针对不同的群体采取不同的广告策略，投放不同的广告内容。

f. 实时反馈与响应。用户会通过点赞、评论、分享等方式对广告发出反馈，实时关注用户反馈，据此进行广告策略的调整。

蒲公英宝典：合作达人轻松上手

蒲公英是小红书官方打造的平台，为优质创作者提供商业服务。在蒲公英平台上，小红书博主可以给出报价，从品牌方处接到商单，同时品牌方也可以挑选自己的合作博主，如果在该平台上下单与博主进行合作，则合作时所发布的笔记不会被限流。对于品牌方和博主来说，蒲公英平台是一个良好的合作平台，在此双方能够实现有效合作，达成预期的营销目标。

▶ ①平台功能介绍

在蒲公英平台上可以获取到的合作服务有内容创作、推广投放、数据分析等，品牌方既可根据自身定位与合适的内容创作者展开合作，也可结合自身需求选择合作方式。此外，品牌方还可借助平台所提供的数据监测和分析工具评估合作效果，据此对合作实施优化和调整。

蒲公英平台的服务对象包括专业号商家、品牌商家和内容创作者，品牌方和博主可围绕内容展开深入合作，进行品牌的营销推广。蒲公英平台官方网站如图 1-17 所示。

图 1-17　蒲公英平台官方网站

▶ ②三大业务模块

a. 品牌合作。在蒲公英平台的品牌合作中，品牌方首先要挑选合适的博主进行合作，挑选时参考的指标有博主个人标签、内容标签、粉丝数、所处地域等，另外还要结合自身的预算。在创作内容时，博主要从品牌的定位和需求出发，同时也要体现自身的"调性"，通过笔记实现种草。

b. 电商带货。蒲公英平台为品牌方和博主提供了带货合作的机会，提高了带货合作的效率和规范性，让线上交易变得更加安全和透明。在平台的支持下，品牌方可进行数据的分析和洞察，基于分析结果在短时间内找到合适的合作博主。平台可对交易过程进行实时监测，消除品牌方和博主在合作过程中的顾虑，提升合作满意度。

c.新品试用。新品试用是蒲公英平台打造的一项营销工具。品牌方是新品试用的发起者，博主可自行报名参与，而后平台将参照博主的标签、粉丝量、内容质量进行品牌方和博主之间的匹配。博主试用商品后根据真实使用体验发布试用笔记，为品牌方的决策提供参考，促进商品的口碑传播。新品试用强调博主的真实口碑，品牌方只能接受平台为自己匹配的博主，同时合作过程不会产生任何费用。

▶ ③蒲公英四大合作模式

蒲公英平台的四大合作模式如表1-9所示。

表1-9 蒲公英平台的四大合作模式

合作模式	新芽合作	定制合作	招募合作	共创合作
定义	品牌方发布招募需求，平台智能筛选博主进行匹配，博主完成产品体验并发布笔记，即可获得保底曝光和百万级流量助推，并以曝光量进行结算	品牌根据营销诉求寻找指定博主，实现一对一的精准合作模式，按一口价进行结算	通过品牌发布招募需求，博主主动报名，实现一对多的内容合作模式，按一口价进行结算	通过品牌设定成本单价及预算发布需求，平台智能打包报名博主，实现一对多的内容合作模式，按转化效果进行结算，保障品牌流量成本可控

▶ ④品牌合作流程

在小红书蒲公英平台上，品牌合作可以采取以下流程，如图1-18所示。

a.确定合作博主。在蒲公英平台上挑选合作博主时，首先，品牌方要考虑博主所在的内容领域，确保其所处领域与自身相匹配；其次，博主的风格和特点也很关键，应与品牌的定位和需求相契合；最后，品牌方还要参考博主的粉丝数量和互动率，选择具备一定影响力的博主。

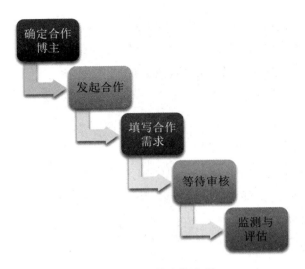

图1-18 品牌合作流程

b. 发起合作。选定合作博主后,品牌方进入填写合作需求的步骤,填写内容有品牌信息、合作要求、投放模式。投放模式分为普通模式和有效模式两种,如果选择有效模式,则可以获得内容合作以及平台助推服务,同时使用该模式需支付20%服务费。

c. 填写合作需求。合作需求填写完毕后,品牌方点击"发起合作"即可完成下单,博主收到平台推送的订单后对订单进行确认,确认无误后选择接单。

d. 等待审核。博主完成接单后平台需对订单实施审核,订单审核通过后双方的合作便可开始,根据品牌方提出的需求,博主创作并发布内容。

e. 监测与评估。品牌方可通过曝光量、互动率、点赞量等数据监测和评估合作效果,根据评估结果对投放策略进行优化,以实现合作效果的提升。

▶ ⑤注意事项

蒲红英平台面向品牌和商家、博主和机构两类客户开展广告投放合作,如图1-19所示。

此外,小红书账号可进行专业号认证,认证成功后可取得小红书商业活动的参与资格,商业化能力将得到提升,专业号的认证流程和认证须知如图1-20所示。

图 1-19　蒲红英平台的合作类型

图 1-20　专业号的认证流程和认证须知

第 2 章

模型工具：

品牌营销的高能武器

2.1 内容引擎

CES 流量密码：平台分发规则解析

随着数字化与人们生活的结合日渐紧密，数字化营销成为随线上经济的发展而兴起的一种新的商业模式，而营销方式也从以往针对目标客户的直接营销发展为"内容＋需求＋软性植入"。在此背景下，各种线上内容分享平台、社交平台的功能也进一步拓展，发挥了部分营销平台的作用。其中，小红书以其高质量的内容分享、庞大的年轻受众群体而成为品牌和商家进行营销推广的主要选择之一。要想用好小红书这一"营销法宝"，关键在于弄清楚其背后的运营逻辑，掌握其"流量密码"。

▶ ① CES 评分流量分发模型概述

小红书平台采取独特的 CES 评分流量分发模型作为其流量分发机制。当一篇帖子被发布时，该模型从内容质量、平台策略和用户互动三个维度对其进行评分（如图 2-1 所示），并依据评分对其进行流量分配，这决定了其是否能够被更多的用户看见。

图 2-1 CES 评分流量分发模型的三个维度

a. 内容质量。判断所发布内容是否为一篇"优质内容"的依据包括内容是否为原创、内容的实用价值高低以及内容是否具有吸引力等。内容质量越高，能够获得用户的关注就越多，让用户自发地进行互动，从而带动 CES 另外两项评价指标的升高，获得 CES 高评分。

b. 用户互动。用户互动是内容影响力的直观反映，所涉及的用户行为包括点赞、评论、转发等。用户的互动量越高，表明内容越受欢迎，则内容的 CES 评分越高。

c. 平台策略。平台策略服务于平台的整体定位与发展目标，是保障平台用户使用率和用户黏性的关键手段。一般来说，平台会结合实际制定流量分发策略，所发布的内容与平台策略的匹配度越高，其 CES 评分越高。

▶ ② CES 评分流量分发模型的应用

CES 评分流量分发模型的应用主要包括以下几个方面，如图 2-2 所示。

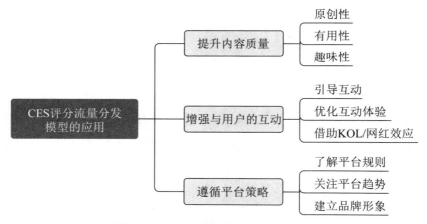

图 2-2　CES 评分流量分发模型的应用

a. 提升内容质量。

- **原创性**：原创性内容有助于更好地吸引用户眼光，形成独特的自我风格甚至是个人 IP（intellectual property，知识产权）。因而需要在了解用户需求的基础上挖掘新的内容锚点，创新呈现形式，对用户产生独特的吸引力。

- **有用性**：重视内容的实际价值，针对不同用户的问题或需求提供精准、可靠的信息和建议。比如，针对母婴用户群体，分享有关婴幼儿护理、辅食制作等方面的内容；针对年轻女性群体，分享有关美妆技巧方面的内容。

- **趣味性**：提高内容的吸引力，获取更高的用户喜爱度，通过新颖的呈现方式、有趣的切入角度激发用户的兴趣，吸引用户关注。

b. 增强与用户的互动。

- **引导互动**：增强内容的交互性，在内容中设置引人思考的锚点，通过提问吸引用户在内容下发表自己的观点。此外，当收到用户互动消息时要及时予以回应，获得用户好感，将用户转化为粉丝。

- **优化互动体验**：通过点赞、评论、@好友等便捷互动工具让用户能够更快地获得互动的正向反馈，激发用户活力。同时，持续进行高质量内容发布，避免内容同质化，不断发掘新的讨论话题，提高用户黏性。

- **借助KOL/网红效应**：与内容"大V"或高热度博主展开合作，借助他们已有的流量和关注度吸引更多的用户进行互动，提升CES评分。

c. 遵循平台策略。

- **了解平台规则**：通过研究高流量博主内容类型、笔记特点，归纳出高流量博主的内容共性，总结小红书的平台规则与流量分配策略。及时关注官方平台各类公告以及所发布的内容规则，在官方允许的范围内进行内容发布，杜绝违规，以免受到平台处罚，出现被限流的情况。

- **关注平台趋势**：以平台热点内容为导向，跟随平台潮流进行内容的策划，把握住平台活动和促销节点带来的流量机会，进行相应内容的发布与活动的发起，吸引更多的用户关注内容并积极进行互动。

- **建立品牌形象**：结合产品实际进行合理的艺术加工，配合以相呼应的内容形成具有自身特色的品牌形象，强化公众对于品牌的认知。通过持续发布富有吸引力、实用性的内容，保持品牌活跃度，增强用户好感。

对于品牌和商家来说，掌握小红书CES评分流量分发模型背后的运营逻辑，从发布优质原创内容、增强内容话题性与互动性、顺应平台策略三个方面进行数字化营销的策划与实行，能够获取大量的曝光度与关注度，充分利用小红书营销低门槛、多受众的营销优势迅速进行品牌的宣传推广，获得可观的收益。

与此同时，也要注意到，无论是进行品牌形象的塑造还是进行产品的营销推广，都需要以内容和质量取胜，用户需求与热点话题并非一成不变，进行数字化营销更要具有与时俱进的思维与敏锐深刻的洞察力，通过持续学习与大胆创新抓住更多的机遇。

KFS 转化魔法：高效转化的秘密武器

随着互联网成为人们获取知识、进行信息交换的主要方式，内容和流量成为吸引人们关注、进行品牌宣传推广的关键。当前，小红书已成为应用市场上年轻用户群体最多的社交电商平台之一，内容营销成为在平台上进行推广的重要策略，因此有必要掌握一种适宜的内容营销模型以提升品牌推广的效率和成功率。

▶ ① KFS 模型概述

KFS 模型通过 K（Key）、F（Fit）、S（Social）三个核心要素点明了内容创作需要从关键性、匹配性和社交性三个角度入手（如图 2-3 所示），进行高质量内容的产出，提升内容的价值转化率。

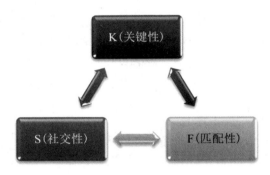

图 2-3　KFS 模型的三个要素

a. K（Key）：关键性。关键性是内容的核心性质，无论是面向何种群体的内容，都必须保证其是有价值的。这种价值可以是一种实用价值、社会价值，也可以是一种情绪价值或思想价值。但是一定要注意，无论何种价值都要确保其呈现的方式是用户喜闻乐见的，价值的背后有深刻的内涵支撑。因而企业在进行内容创作时，要充分把握内容的价值，让用户愿意花费时间浏览。

b. F（Fit）：匹配性。匹配性指的是所发布的内容与品牌定位、产品或服务类型的吻合程度。在进行内容发布时，除了保证内容本身的价值外，还需要通过建立内容与品牌之间的强关联性让内容起到为品牌和企业"传声"的作用，通过内容的输出引起用户对品牌的兴趣。

c. S（Social）：社交性。社交性指的是内容通过互动和传播所形成巨大的辐射力、影响力。作为一个社交平台，小红书用户之间天然存在着各种各样的联系，而这种联系最终构成了一张巨大的用户网络，只有用好了这张大网，才能让有限的内容通过网络的脉络进行扩散。因此，企业在进行内容创作时，要充分重视内容的传播能力，通过话题设置、发起提问等方式让内容更好地曝光，通过社交网络实现影响的最大化。

▶ ② KFS 模型的应用

KFS 模型的应用主要体现在以下几个方面，如图 2-4 所示。

图 2-4 KFS 模型的应用

a. 明确内容的关键性。在制定营销内容时，一定要对内容所面向的对象有一个整体的把握，在充分了解其需求的基础上进行内容的创作，从而确保所产出的内容满足关键性条件，具有较高的价值。例如，品牌方可以通过知识普及、技巧分享、展现产品功能和效果等方式为用户提供价值量较高的内容。

b. 确保内容的匹配性。内容的匹配性即确保所发布的内容与企业自身的品牌内涵、产品和服务特色相吻合。因而企业在进行内容创作时，需要对自身品牌和产品进行深入挖掘，选取比较具有代表性的特征进行发散，保证内容与产品的关联性，让用户通过对内容的浏览从而产生对产品的兴趣。具体的实施途径包括与测评博主合作对产品进行测评、在测评内容中植入品牌产品等。

c. 提升内容的社交性。在小红书这类社交平台上，内容的社交性决定产品的传播范围，直接影响着推广工作的成效。因此，企业可以从以下几个方面入手提升内容的社交性，如表 2-1 所示。

表 2-1　提升内容的社交性

提升内容的社交性	具体内容
鼓励用户评论和分享	选取具有讨论度的话题与所发布的内容相结合，在所发布的问题中设置提问或通过"回复＋获取服务"的方式，引导用户进行积极的互动，获得更高的回复率、点赞量和转发量
运用话题标签	在内容编辑完成后，通过话题标签功能选取内容对应的话题，让内容自动被推送至相应的话题下，通过话题的流量提升内容的曝光度
与其他用户合作	与热门博主、网红进行合作或与明星品牌进行联动，进行内容的共同创作或联合推广，通过双方拥有的粉丝基础实现两个品牌的"互相涨粉"，同时提升内容的关注度与传播能力

▶ ③案例分析

以在小红书上通过 KFS 营销组合模型进行内容营销的某化妆品品牌为例。

首先，该品牌通过稳定地输出有价值的内容达到了内容价值性要求，即时常在平台上发布化妆教程、护肤技巧等内容。其次，他们对内容的匹配性予以充分重视，建立内容与自身产品服务特点之间的紧密联系，通过内容精准地传达出产品背后的内涵、产品自身的独特价值，让用户通过对内容的浏览而产生对产品的兴趣与好感。最后，他们充分发挥社交性的积极作用，进一步扩大产品的辐射范围。通过引导用户参与讨论、策划问答活动以及与明星品牌进行合作等方式提升了内容的传播效率，扩大了品牌的知名度。

对于需要进行宣传的品牌和商家来说，KFS 内容营销模型提供了运用小红书进行内容与价值之间高效转化的便捷通道，通过其所发布的高质量内容在小红书庞大的用户群体中形成具有一定规模的购买力。但在使用 KFS 进行内容营销时也应注意，模型所提供的只是一种通用的指导方法，是一种"骨架"，要想取得真正的成功，还需要内容发布者结合自身产品特点与受众群体的需求进行创新，形成高质量的内容，为数字化营销填充上"血肉"。

漏斗优化术：内容测试与升级秘籍

品牌方在小红书上进行内容营销时，会将爆款内容的打造作为其核心目标。这是因为爆款内容能够引起广泛关注，产生极高的浏览量和互动量，进而扩大品牌的影响力。

在打造爆款内容时，可以使用爆文测试漏斗模型，遵照其给出的筛选和优化步骤，精准高效地进行内容测试和优化。

▶ ①爆文测试漏斗模型概述

在进行内容测试时，爆文测试漏斗模型将对内容做出层层筛选，并逐步对其实施优化。爆文测试漏斗模型参考了营销漏斗模型，共分为五个关键步骤，如图2-5所示。

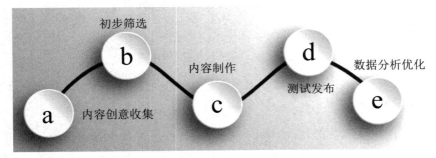

图2-5　爆文测试漏斗模型的5个步骤

a. 内容创意收集。这一阶段，要收集各种各样的内容创意。创意可通过分析市场趋势、竞品以及用户需求来得到，可以表现为一个话题、一种内容形式，或是一个具体的标题。

b. 初步筛选。创意收集完毕后，需要对创意进行初步筛选，对于不符合品牌定位，或是无法满足目标受众喜好的创意，应加以排除。

c. 内容制作。创意初步筛选完成后，开始进行内容的制作。在此阶段，要将内容以恰当的方式呈现出来，并保证内容的质量，使内容具备足够的吸引力，同时能够将品牌信息清晰地传递给用户。

d. 测试发布。内容制作完成后，需面向少部分用户进行内容的测试发布，用户可针对内容给出自己的反馈和建议，同时用户在查看和使用内容时也会产生相应的数据供营销者参考。此阶段主要是为了测试内容的吸引力和转化潜力。

e. 数据分析优化。根据测试发布阶段得到的反馈信息和数据进行深入分析，找出测试发布的内容中需要提升的部分，并有针对性地进行优化，直至筛选出具备爆款潜质的内容。

► ②**爆文测试漏斗模型的应用**

爆文测试漏斗模型的应用主要体现在以下几个方面，如图 2-6 所示。

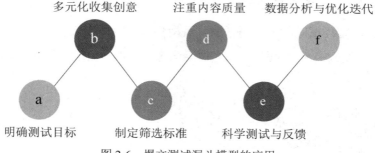

图 2-6　爆文测试漏斗模型的应用

a. 明确测试目标。在爆文测试开始前，需要先明确测试目标，比如获得更多的阅读量和互动量，或者是实现转化率的提高。测试目标明确后，围绕目标确定测试所采用的策略和数据分析指标。

b. 多元化收集创意。在内容创意收集阶段，要打开思路，促进思维的多元化，发掘更加多样化的创意。比如，可从行业趋势、用户需求、竞品动态等多个角度出发，扩展创意的来源，收集到更多创意。

c. 制定筛选标准。在初步筛选阶段，要形成一个确定的筛选标准，按照此标准筛选出符合自己要求的内容。具体来说，筛选标准应当包括与品牌定位不存在冲突、具备足够的吸引力等。

d. 注重内容质量。在内容制作阶段，要将重点放在内容的质量上，努力产出优质内容。高质量的内容可以吸引到更多的用户，同时也能树立良好的品牌形象，对于品牌的长期发展产生积极影响。

e. 科学测试与反馈。在测试发布阶段，要打造一个真实有效的测试环境，这样才能从用户处得到真实的、有价值的反馈和数据。同时在收集和分析反馈数据时要做到及时，以为后续的优化留出充足的时间。

f. 数据分析与优化迭代。上文提到，在数据分析优化阶段，要根据测试发布阶段得到的反馈和数据进行内容的分析和优化。还需注意的是，反馈和数据会实时发生变化，应根据变化对优化策略做出相应的调整。

► ③**案例分析**

某时尚品牌在小红书上进行内容营销时，将爆文测试漏斗模型用于内容测试。

该品牌将提升阅读量和转化率作为测试目标，随后在内容创意收集阶段秉持开放多元的思维，从时尚市场趋势、用户对时尚的需求、竞品动态等角度出发，收集到大量创意。在初步筛选阶段，该品牌将自身的品牌定位与目标受众喜好作为筛选标准，筛选出了自己需要的内容。

在接下来的内容制作阶段，该品牌认真地打磨内容，并将制作完成的内容在小范围内进行测试发布。测试发布得到的用户反馈和数据显示，内容中有些部分转化率不足，对此该品牌做出了针对性的优化。最终，借助爆文测试漏斗模型，该品牌筛选出了具有爆款潜力的内容，达成了提升阅读量和转化率的目标。

按照爆文测试漏斗模型的 5 个步骤，品牌方可以进行系统的内容测试，筛选出具备爆款潜质的内容，达成品牌的营销目标，比如提升品牌阅读量、点击量、转化率等，扩大品牌影响。另外，在进行营销时，品牌方要充分考虑自身的特点和目标受众，对内容测试方法做出适当的调整和优化。

反漏斗逆袭：全域转化的战略布局

人群反漏斗模型是一种以"全域转化"为导向的模型，也是一个"小红书特色"模型，该模型既能够反映出小红书的内容传播和用户转化逻辑，也能够体现出品牌在小红书平台中的"破圈"方式，帮助各个品牌提升影响力，在品牌转化方面发挥着重要作用。

▶ ①人群反漏斗模型的核心概念

人群反漏斗模型是通过提取小红书口碑内容的泛化特征而得到的，该模型让人们认识到种草的成功与否很大程度上取决于用户的主动性。运用人群反漏斗模型，品牌方可以构建精准的"用户－产品－需求"匹配机制，由此确定核心人群。

核心人群接收到内容和广告后，会主动进行回应和分享，将品牌口碑传递给他人，尤其是需求、痛点等与核心人群相似的高潜人群。通过内容广告投放与口碑传播相结合，品牌可以找到新的目标人群，而后对内容和广告做出进一步优化，逐层扩大品牌的影响，让品牌渗透到更广泛的人群之中。

与传统营销漏斗模型相比，人群反漏斗模型更加重视用户的参与度和内容的传播力。一般来说，用户参与度与内容传播范围之间存在一定的正比关系。也就是说，当用户的参与度升高时，内容传播范围也会随之扩大，与此同时，品牌的曝光度和影响力也会得到提高。

人群反漏斗模型主要包括以下 4 个步骤，如图 2-7 所示。

图 2-7　人群反漏斗模型的 4 个步骤

a. 用户触达。有效的用户触达是人群反漏斗模型发挥作用的基础。在通过小红书平台进行营销的过程中，品牌方需要明确用户定位，并针对目标用户群体产出优质的内容，制定行之有效的投放策略，以便精准触达目标用户群体。

b. 用户参与。用户参与是提升内容传播力和品牌影响力以及树立品牌形象的有效方法。为了提高用户参与度，品牌方需要加强与用户之间的互动，并采取话题讨论等手段来提高用户参与的积极性。

c. 内容传播。用户的参与能够有效扩大内容的传播范围，让品牌可以借助优质内容的广泛传播来提升在小红书平台中的曝光度和影响力。

d. 品牌转化。品牌方可以借助小红书的人群反漏斗模型来触达用户并实现高效转化，进而增加粉丝数量，提高产品销量。

▶ ②人群反漏斗模型的应用

人群反漏斗模型的应用主要体现在以下几个方面，如图 2-8 所示。

图 2-8　人群反漏斗模型的应用

a. 精准定位目标用户。品牌方应深入了解自身目标用户群体的需求、偏好、兴趣和行为特点等信息，并以此为依据制定内容投放方案，产出相应的营销内容，做到精准投放和精准触达。

b.创作高质量内容。内容是吸引和留住用户的关键。一方面，品牌方应提升内容创作的质量、趣味性和实用性，利用优质的内容来吸引用户，提高用户的参与度；另一方面，品牌方在产出营销内容时也要充分考虑自身品牌形象和目标用户群体的特点，投放符合品牌形象和目标用户群偏好的营销内容，以便提高认知度和用户好感度。

c.激发用户参与。品牌方应通过话题挑战、心得分享等方式来与用户进行互动，提高用户的积极性和参与度，借助用户的广泛参与来扩大内容传播范围，增加用户触达量，提高品牌知名度。

d.利用社区力量传播。品牌方可以充分发挥小红书社区的作用，利用用户分享和 KOL 推荐等多种手段来实现营销内容的大范围传播，增强自身在小红书平台上的知名度和影响力。

e.实现品牌转化。品牌方需要充分发挥人群反漏斗模型的作用，借助优惠活动、会员体系等方式推动用户转化，将潜在用户一步步转化为忠实用户，提高用户留存率。

▶ ③人群反漏斗模型的优化策略

品牌方可以采取以下几种优化策略，如图 2-9 所示。

图 2-9 人群反漏斗模型的优化策略

a.数据驱动决策。品牌方可以借助小红书平台中的数据分析工具对用户的实际参与情况和营销内容的传播情况进行实时监测，并根据监测数据对营销内容、营销方案、投放方式等进行优化调整。

b.深化用户互动。品牌方可以通过多种方式加强与用户之间的交流和互动，提高用户在内容传播方面的参与度和对品牌的忠诚度，如举办线下活动、建立用户社群等。

c. 合作扩大影响力。品牌方可以与达人建立合作关系，利用达人的粉丝量和影响力为品牌营销服务，提高自身在小红书平台中的曝光度和知名度。

对品牌方来说，利用人群反漏斗模型在小红书平台上进行营销能够有效扩大内容传播范围，实现精准推广和高效转化，但同时也存在许多挑战和限制。为了进一步扩大自身在小红书平台中的知名度和影响力，提高品牌营销的有效性，品牌方还需根据实际情况动态调整营销方案，优化营销策略，增强环境变化应对能力，精准把握用户需求。

2.2 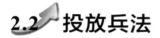 投放兵法

PKCKS 种草奇谋：5 大营销投放策略解析

小红书是一个以内容为驱动的平台。在小红书上，品牌方应着眼于实现高效的营销投放，扩大品牌的传播范围，获得更多的商业收益。PKCKS 模型是一种高效投放逻辑，它构建起了一个具备系统性和操作性的框架，有助于品牌在小红书上实现营销的高效投放。

PKCKS 投放模型主要由 5 个关键词构成，分别对应 5 个维度的营销投放策略，如图 2-10 所示。

图 2-10　PKCKS 投放模型

- **产品投放策略（Product）**：聚焦于产品的投放策略，主要是针对平台调性选取适配度较高的产品作为投放对象。
- **关键词投放策略（Keyword）**：聚焦于用户搜索的投放策略，通过锚定平台热点话题进行相应的关键词布局，吸引用户关注。
- **内容投放策略（Content）**：聚焦于内容发布的投放策略，通过跟踪话题趋势发布高质量内容，借助内容实现相应的品牌宣传与产品推广目的。
- **Kox 投放策略（Kox）**：聚焦于达人和意见引领者的投放策略，借助达人与意见引领者的影响力在用户间形成的羊群效应快速将投放内容推上热点。
- **投放节奏策略（Schedule）**：聚焦于产品投放的整体布局，针对处于不同市场阶段的产品采取不同的投放模型，以达到相应的投放目的。

下面我们对小红书 PKCKS 投放策略进行简单分析，如图 2-11 所示。

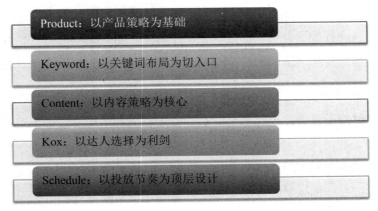

图 2-11　小红书 PKCKS 投放策略分析

▶ ① Product：以产品策略为基础

每个平台都有自己的内容风格与用户特点，在投放过程中，只有做好产品与平台之间的对应，实现产品调性与平台风格的匹配，才能取得良好的投放效果。因此，在进行投放前，应做充分的准备工作。对小红书的用户群体进行画像，同时精确定位平台内容风格，归纳总结与平台相适应的产品特征（品类、功能、适用场景），并在特征框架之内进行投放。唯有如此，才能确保所投放的产品与平台用户需求的统一，进而实现投放效果的最大化。

▶ ② Keyword：以关键词布局为切入口

随着第三消费时代的到来，消费者行为中决策前置化的特征愈加显著，而作为重要的内容分享兼辅助决策平台，小红书的搜索功能成为用户结合自身需求进行相应产品查找、了解有关品牌的重要途径，同时也为品牌方直接触达高消费潜力用户提供了便利。因此，要通过合理布局关键词来提升品牌内容被用户检索到的概率，提高品牌内容在高意愿用户群中的曝光度，具体的关键词布局可以从以下几个方面入手。

a. 聚焦于自身产品，明确产品的功能、特点、与同赛道产品的比较优势，提炼出产品亮点。

b. 关注平台热点话题、出圈内容等，对其进行深入分析，建立产品与平台热点之间的联系，通过上述两个步骤辐射拓展出与产品定位贴近、跟随平台热点的关键词。

c. 在以上两点的基础上充分利用大数据、人工智能等工具对产品相关赛道内的历史关键词进行统计分析，形成词云，了解用户对关键词的感知情况，最终筛选出搜索权重最高的关键词。

▶ ③ Content：以内容策略为核心

结合投放效果来看，小红书上受欢迎程度较高的内容多集中于产品评测、好物清单推荐、技巧干货分享等类型，因此可以在明确产品受众核心需求的基础上，进行上述类型内容的发布，将产品植入在内容之中进行推广。同时也要注意，在跟随热点趋势的同时要尽量避免内容的过于趋同，应在借鉴爆文经验的基础上结合合作达人的创作风格与表达特点，推陈出新，带给用户眼前一亮的感受，持续地为产品赢得关注。

此外，在进行具体内容创作的过程中应对内容的质量进行严格把关，避免形式单一、内容生硬；应明确内容与产品的连接点，实现内容与推广的平滑过渡；注意内容封面与运营账号整体风格的统一；从用户需求出发，选用表意通俗、明确的文案和标题；尽量丰富内容形式，通过视频＋文字、图片＋文字、图片＋音乐等多种形式带给用户多样的感官感受，提升内容感染力；适当地进行矛盾点的创设，激发用户兴趣等，通过高质量的投放内容实现高效种草，提升投放转化率。

同时，在小红书进行内容营销时，应注意规避以下问题，以免弄巧成拙，不仅招致用户反感，还可能被平台进行流量制裁和处罚。一方面，应确保营销内容的真实有效，避免虚假营销和过度夸大，使用户产生排斥心理；另一方面，应确保合作达人的创作内容与自身品牌调性、产品风格的统一，防止出现"张冠李戴"的情况，造成用户对品牌产品的认知混乱。小红书是一个内容为王的平台，只有通过长期的优质内容输出，才能够真正实现"花园式"营销，持续在用户群中积累品牌的口碑。

▶ ④ Kox：以达人选择为利剑

众所周知，小红书社区集聚了一大批具有影响力的达人，这些达人既包括KOL，又包括KOC，实现了对小红书各个赛道的覆盖，并已经培养出了自己的粉丝群，具有较强的种草能力和带货能力。在进行达人的选择时，可以将以下五个基本准则作为选择依据，如表 2-2 所示。

表 2-2　小红书达人的选择依据

选择依据	具体内容
达人基础数据	衡量达人的影响力、对用户的辐射程度，包括粉丝数量、粉丝活跃度、互动效果等
匹配程度	衡量 KOL 是否具备代言品牌形象的条件、能否精准地吸引品牌潜在的用户群，主要的关注方面是 KOL 与品牌调性的匹配度
内容质量	衡量的是达人吸引用户的能力，以及进行长期内容输出的能力，具体包括内容的价值度、爆款率和更新率等
性价比	衡量与达人进行合作的投入产出比，主要关注的方面是报价与互动成本
商业能力	衡量的是达人的转化能力，关注的方面包括价值转化率、评论互动效果等

只有选择人设定位与品牌调性匹配、辐射范围大、内容产出能力强、价值转化率高的达人进行合作，才能实现内容与价值之间的高效转化，用更低的成本获得更好的投放效果。

▶ ⑤ Schedule：以投放节奏为顶层设计

投放节奏对整个投放活动具有奠定基调的作用，针对这一点，可以根据品牌所处阶段的不同分别进行分析。

a. 针对处于市场化初级阶段的新锐品牌，其核心需求是在短期内快速打开市场、实现大量曝光。因此，需要不断通过页面内容推送、话题推荐等方式让用户树立对产品的认知，形成口碑效应，成为平台热点，为其之后的营销进行铺垫，并辐射带动品牌在其他社交平台的话题度提升。

b. 对于已经完成市场化推广，已被用户群体所了解的品牌，其核心需求已经从最初的"出圈""被认识"转向了"活跃度保持""口碑积累"。因此可以以日常稳健投放为主，将单品推广作为内容投放的主要任务，保持用户黏性的同时为新品提供良好的市场基础。在遇到平台营销节点时，则可以通过高强度投放进行节点营销，以实现高效的价值收割。

达人甄选术：3 类主流 KOL 投放模型

不同的品牌都有自己独特的品牌气质、文化底蕴、产品设计理念及呈现方式等，这些都构成了品牌独特的调性。而不同的小红书 KOL 也通过赛道的选择、人设的确立、针对不同年龄层粉丝的内容呈现等展示着自己的调性。品牌与 KOL 调性的重合度越高，品牌的目标群体与 KOL 的粉丝群体的交集越大，品牌与 KOL 合作共创的内容向用户群的触达就越精准，也就越容易获得消费者的共鸣，从而收获一批存量用户，并形成自己的私域流量池。通过用户自发的分享与宣传，进一步扩大营销的辐射范围，实现新一轮的用户积累。

简而言之，KOL 是连通品牌与消费者的"线缆"。对于品牌而言，在通过 KOL 向客户端进行品牌理念的宣传、品牌产品的推广时，除了要确定"连线"对象的属性、偏好等，还要找准"线路"的"接口"，即通过对 KOL 自身调性以及其背后的粉丝群进行画像（年龄层次、男女比例、消费偏好、人群标签等），确保 KOL 能够完美适配品牌的宣传需求。

当前，小红书平台上主要有金字塔形、橄榄形、五角星形 3 类主流的 KOL 投放模型，分别对应小、中、大型企业的投放需求。接下来将对这 3 类模型进行具体介绍。

▶ ①金字塔形 KOL 模型

对于一些处于市场化初级阶段的小品牌，因为其相对于中型与大型品牌在市场知名度与用户知名度方面缺乏优势，具体表现为搜索排名低、推荐流量少，直接采用活动发起、头部意见引领者合作的营销方式性价比较低。因此，通过软广植入，让品牌信息依附于内容，潜移默化地为用户所熟知才是最佳选择。在进行KOL 选择时，应选报价较低但群体数量庞大、在实现用户增量上具有较大优势的关键意见消费者（即"素人"）。

同时，在进行内容部署时，应尽可能弱化内容的营销属性，避免引起消费者的反感。通过品牌与内容的深度融合，以强关联布局自然地引起用户对品牌和产品的注意。此外，在内容形式上，可以通过"记录美好生活"、分享购物体验、讲述生活趣事等方式，利用自然、朴实、"接地气"的内容向用户种草一种生活的"新态度""新方式"，以此来激发用户潜在的消费需求，更好地将用户链接到产品。

这种垂直领域的强关联能够更好地使品牌和产品向用户的浏览内容中渗透，让用户形成对产品的清晰印象，能够在产生需求时快速关联到品牌产品，并自发地产生购买行为，使产品"始终环绕在用户周围"。

同时，垂直强关联也更加有利于实现品牌营销对目标客户的高效触达，引发更多的用户产生共鸣，并持续关注品牌内容，自发地与品牌进行互动。这种营销模型能够使品牌在与用户的良性循环过程中培育出一批高贡献度、高留存率的用户，提升营销的转化率。总而言之，金字塔形 KOL 模型的作用逻辑与自上而下传播学原理相一致，是由明星 / 头部 KOL 种草、腰部达人推广、尾部达人 / 初级达人 / 素人跟风分享组成的传播矩阵，如图 2-12 所示。

图 2-12　金字塔形 KOL 模型示意图

▶ ②橄榄形 KOL 模型

中型企业已经步入市场化的中期阶段,获得了一批忠实客户,并积累了一定的品牌口碑。相对于小型企业来说,其进行营销的侧重点也从提升公众对品牌的熟悉度、进行用户群的积累转向了实现营销内容细化、增强对用户的持续吸引力、解决强关联流量放缓所带来的投入产出比降低等问题。

橄榄形 KOL 模型能够完美地满足上述需求。此类模型聚焦于垂直属性强、粉丝黏性高的腰部 KOL,以多样的生活场景为内容创新点,实现对广大潜在用户的辐射,进一步挖掘品牌的用户增量空间。图 2-13 为橄榄形 KOL 模型示意图。

图 2-13　橄榄形 KOL 模型示意图

借助腰部 KOL 的强辐射能力,实现 KOL 人设、品牌产品与多元化消费场景的深度融合,让产品的功能特点展示更加贴近用户的需求与痛点,进一步发掘用户群体的消费潜力,这是与金字塔形 KOL 模型相比橄榄形 KOL 模型所具有的独特优势。此外,通过对产品功能与产品特点的进一步细分,还能够有效地展现产品的个性,实现与同赛道精品的区分。

总的来说,橄榄形 KOL 模型是一种以头部 KOL 和知名博主进行话题带动,腰部 KOL 作为种草主力进行大规模用户辐射、尾部达人和素人跟风进行推广承接组成的完整传播链路。

▶ ③五角星形 KOL 模型

对于大型企业来说，完备的营销体系、高度的市场占有率、极强的关注度与话题度已经使其营销在"量"上趋于饱和，因此提升营销的质量，增强营销的精准度、持续作用时间，在企业战略的统领下不断为新品吸引关注度，通过深刻的共鸣让用户愿意为产品及其高附加值买单是其主要诉求。

五角星形 KOL 模型，能够帮助企业更好地展现品牌的价值理念以及产品的"可梦价值"，实现品牌与用户的高效连接，推动品牌主打产品快速"出圈"，通过销量增长获得高价值转化。因此，五角星形投放模型要求 KOL 调性与品牌调性具有更高的重合度。

由于五角星形投放模型所服务的大型品牌已经具备了大规模的存量用户，其在各个用户层的营销都已趋于完善，所进行的投放主要是品牌目标型投放，因此明星、头部达人、腰部达人、初级达人、素人均可以在找到营销输出点后成为营销主力，但前提是各营销主体必须做到与品牌调性的高度契合。图 2-14 为五角星形 KOL 模型示意图。

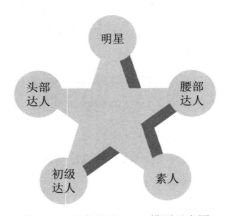

图 2-14　五角星形 KOL 模型示意图

随着内容营销步入发展的中期阶段，品牌种草需要站在更高的角度进行长远布局，注重部署的连贯性与效益的持续性。而 KOL 投放作为小红书的主流投放方式之一，其 KOL 的筛选投放也跟随着内容营销的发展趋势而在布局过程中注重整体思维的运用。

无论是处于市场化初级阶段的小型企业，还是已经完成初步市场化的中大型企业，都通过对从初期投放内容分析到后期运维的全过程把控实现 KOL 投放对自身品牌宣传的高效赋能，既提升了短期内的产品销量，同时也通过产品价值理念、产品个性的传达等方式从长远上获得用户的信赖与支持，实现价值的持续转化。

矩阵破局法：产品周期的投放策略

对于刚刚入驻平台的"新人品牌"而言，在进行品牌营销时应结合产品与品牌的发展实际进行推广产品的确定以及预算投入的分配，唯有如此才能够实现资源的最优配置，实现利益最大化。

一方面，品牌企业应树立对产品的全面认识，归纳出产品的市场定位，提炼产品卖点与核心价值，同时将产品与同赛道产品进行对比，明确产品的市场层次、比较优势与市场空间。另一方面，采用矩阵思维对产品进行分层规划，对产品类型进行进一步细分，实现用户多维需求的满足。

一般来说，可以将产品分为具有较强市场生命力和较大价值增长空间的"爆款产品"、增长率高的"潜力产品"和服务总量大、累积收益高的"长尾产品"。在进行营销布局时，品牌应根据不同产品的价值优势进行针对性的营销规划制定，实现效益最大化。

爆款产品是拉动品牌营业额增长的"引擎"，除了本身具有极高的市场价值外，还能起到对品牌进行宣传的作用，不断为品牌拉取新顾客，更好地巩固品牌已有的市场形象，因而爆款产品对于品牌的营销来说具有重要意义。如果品牌尚未形成自己的爆款，应有策略地结合市场需求、受众偏好与热点趋势，选取一款最有"出圈"潜力的产品，集中投入资源对其进行宣传推广，提升其曝光度与关注度，实现人气、销量与口碑的多重攀升。

对于已形成自己的爆款产品以及有多条主力产品线的品牌，则可以通过对已有的产品进行功能细分，针对不同的客户需求以及不同的受众群制订不同的营销计划，并从整体上进行产品布局，形成组合效应。

在进行预算分配时，品牌可以依据产品的重要性和潜力进行"橄榄形"布局，按照 3∶6∶1 的比例分别对爆款产品、潜力产品和长尾产品进行预算投入，不同产品类型的参考指标和营销目标如表 2-3 所示。

表 2-3　不同产品类型的参考指标和营销目标

产品类型	参考指标	营销目标
爆款产品	销量表现最好、市场热度最高，在类目中处于 Top 水平	沉淀更多真实口碑，提升品牌声量，并为潜力产品引流
潜力产品	新品或有明显差异化卖点产品，近期主推意向高	锚定目标人群继续打造爆款
长尾产品	针对特定人群、特定需求，或搭配主打品使用的细分产品	辐射更广的用户范围，提升品牌影响力

采用此种布局方式，第一，能保证爆款产品的热度，使之持续地为品牌拉取新顾客；第二，能锚定市场价值空间，通过对潜力产品进行较大的投入，推动其持续向爆款产品转化，实现市场价值的释放；第三，能以极低的成本保证长尾产品的市场托举作用，弥补上层产品的功能空白。

在不同的生命周期，产品的价值特征与其相应的营销模式存在较大的差异，这就需要品牌在进行营销的过程中不断随着产品的变化趋势灵活地进行营销策略调整，始终保持营销计划与产品价值情况和销售实际的匹配。要着眼于营销目标与受众群体的需求，在产品的引入期、快速成长期、成熟期与焕新期分别采取相应的对策，推动产品价值的持续转化。

▶ ①产品引入期

产品引入期的核心任务是快速打开市场，让新品获取高关注度与认可度，为后续成为爆款做铺垫。此时品牌应利用好小红书平台所提供的用户关系网以及 KOL 的影响力，通过关键词布局、平台推送、用户分享等途径快速增加产品与品牌的曝光度。在该时期，商家应着重对以下几个问题进行考虑，如表 2-4 所示。

表 2-4　产品引入期的营销策略

营销策略	具体内容
打磨产品核心功能	实现产品核心功能特点与目标人群需求的高效对应，提升内容投放的精准度，以平台账号为阵地，围绕产品进行相应线上服务的提供，以此优化用户体验，提升用户好感度
洞察用户需求	进行深入、细致的市场调研，深刻洞察用户需求，提炼出受众群体的痛点、需求点与关注点，对产品定位与营销规划进行调整，与消费端进行对标

续表

营销策略	具体内容
提升内容价值	充分发挥内容作为营销媒介的重要功能，提升内容的价值、丰富内容的内涵、增强内容的吸引力，通过内容输出在短时间内迅速获得用户关注，并打造具有辨识度的品牌形象

▶ ②产品快速成长期

产品快速成长期的核心任务是快速实现市场份额的增长，抢占空白赛道，固化一批核心用户人群，提升营销的有效性和价值转化率。在该时期，品牌商家应重点考虑的问题主要包括以下几个方面，如表 2-5 所示。

表 2-5　产品快速成长期的营销策略

营销策略	具体内容
定位核心人群	结合产品设计理念与核心功能，进一步对市场进行细分，确定与品牌服务与产品功能相匹配的关键核心人群，并针对他们集中资源展开营销
重视口碑传播	通过活动举办与话题互动，迅速拉近与核心人群的关系，推动核心人群成长为品牌深度用户，自发地分享、宣传品牌，通过社交网络实现品牌影响力的扩散
不断创新优化	通过创新避免产品与营销方式同质化，对核心人群进行持续关注，针对其需求变化及时进行产品细节与营销策略上的调整，保持产品的辨识度与比较优势

▶ ③产品成熟期

产品进入成熟期后，用户增量速度放缓，价值增长空间有限，因此需要将眼光聚焦于新人群与新需求上。一方面对泛人群进行转化，使之成为新用户；另一方面则通过新场景的拉动作用激发新需求，通过提升产品复购率实现价值的再创造。借助小红书庞大的用户群与多元化的内容表达，拓宽用户的辐射范围。在该阶段，品牌商家需要对以下几个方面的问题予以重视，如表 2-6 所示。

表 2-6　产品成熟期的营销策略

营销策略	具体内容
拓展目标人群	实现了对兴趣用户、潜力用户的价值转化后，进一步将目光瞄向数量庞大的泛人群，通过市场调研与人群分析对其进行内容输出，推动其转化为产品受众

续表

营销策略	具体内容
探索新场景	通过应用场景的进一步细分与新应用场景的创设，以场景拉动新需求，进一步提升产品的价值空间，推动产品进入新领域和新市场
提升用户体验	通过优化产品细节、增设产品附加服务及个性化定制服务、进行产品间的组合联动等，为用户提供更多的选择，优化其体验，提升复购率

▶ ④产品焕新期

产品进入焕新期，主要任务是进一步关注用户的需求变化，深挖已有产品的价值。在当前赛道内进一步深耕，同时根据用户提供的反馈进行产品功能的拓展延伸，开启产品的二次增长。在产品焕新期，商家需要重点考虑以下几个问题，如表 2-7 所示。

表 2-7 产品焕新期的营销策略

营销策略	具体内容
用户调研和洞察	通过市场调研，了解用户行为背后蕴藏的深层次需求，通过对市场的深刻洞察为下一步的产品升级提供依据
创新和不断优化	根据市场调研结果，结合产品实际，赋予产品新功能与新特点，同时又有针对性地进行营销
建立品牌认知度	以产品的创新与新优势、新特点为核心，推动品牌层级上升，同时进行新一轮的用户转化

2.3 转化王道

IDEA 营销闭环：全链路打通攻略

作为当下的热门应用软件，小红书集合了内容分享、消费决策、社交互动等多项功能，拥有数量可观的活跃用户，因此许多品牌和商家选择在此进行营销。选择一种系统且全面的方法论，是提升营销有效性的关键步骤，而 IDEA 模型就是这样的一种系统方法。在小红书营销中使用 IDEA 模型，可以建立完整的营销闭环，覆盖策略制定、执行、评估等各个环节。

▶ ① IDEA 模型概述

IDEA 模型由四个关键步骤组成，即：洞察（Insight）、定义（Define）、执行（Execute）、分析（Analyze），如图 2-15 所示。

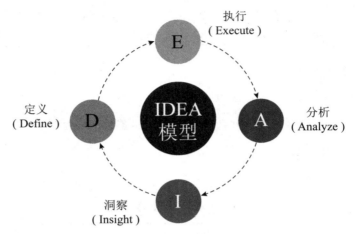

图 2-15　IDEA 模型的四个关键步骤

IDEA 模型的四个步骤之间存在关联，通过这四个步骤的循环往复，对营销策略做出持续优化，达成既定的营销目标。

a. 洞察（Insight）。在洞察阶段，品牌方要做的是充分掌握与市场趋势、目标受众、竞品有关的情况，包括行业和市场的整体局势、用户的需求和兴趣、竞品的动态等，搜集更多有价值的信息可以对营销策略的制定产生积极影响。

b. 定义（Define）。基于洞察的结果，对各项关键要素做出定义，确立明确的、符合品牌战略的营销目标，制定贴合用户需求的内容策略，并形成传播计划及传播渠道。

c. 执行（Execute）。营销策略确定后，根据策略开展实际的营销活动。营销要进行内容创作，创作时应以质量为要，创作完成后进行内容的发布和推广，采用恰当的推广手段取得更好的传播效果。营销过程中会与用户形成互动，对互动实施有效管理，保证营销的顺利进行。

d. 分析（Analyze）。分析营销活动取得的效果，这要用到相关的数据以及用户反馈。借助分析可以得到营销活动的进行状况以及受众的反应，同时发现营销中存在的问题，而后针对问题做出调整和优化，取得更好的营销效果。

► ② IDEA 模型的应用

a. 洞察阶段。小红书营销中，在洞察阶段，需根据小红书用户的关注内容和习惯掌握其兴趣和需求，从用户需求中发掘商业机遇；在洞察阶段，营销者还要关注市场所呈现出的趋势以及竞品的动态，据此对营销策略做出调整。

b. 定义阶段。在定义阶段，需要确立营销目标，比如提高产品销量、树立品牌形象、扩大品牌影响等。在充分了解目标受众需求及兴趣的基础上，形成相应的内容策略和传播计划。

c. 执行阶段。在执行阶段，需遵照既定的策略和计划进行营销。在小红书上，可采用多种方式传播品牌，扩大用户群体。比如与影响力较高的"大 V"用户合作进行品牌的推广，通过发布高质量笔记吸引用户等。此外，与用户的互动也很重要，有助于保持用户黏性。

d. 分析阶段。在 IDEA 模型中，分析阶段的作用非常关键。在小红书营销中，需对营销过程中产生的数据进行分析，包括阅读量、点赞量、评论数以及其他数据。通过分析数据，营销者能够了解到营销活动的效果和影响，以及受众对营销的评价和反应；从分析结果中还能发现营销存在的问题，并据此做出针对性优化。

► ③ IDEA 模型的优势与挑战

总结而言，IDEA 模型在广告营销中的应用既有一些优势，同时也存在挑战，具体内容如表 2-8 所示。

表 2-8　IDEA 模型的优势与挑战

优势与挑战	具体内容
优势	①系统性：针对营销问题，IDEA 模型建立起了完整的框架，借助此框架，能够实现从策略制定到执行评估的闭环； ②数据驱动：IDEA 模型重视数据和用户反馈的作用，在数据的驱动下，营销策略的精准性和有效性将得到显著提升； ③灵活性：IDEA 模型能够满足各个行业和不同品牌的实际需求，可以针对现实情况对 IDEA 模型做出调整
挑战	①数据获取和分析。在小红书上收集全面准确的数据并进行数据分析是一件不容易的事，需掌握相关的技术，同时有一定的经验积累； ②市场和用户行为变化。市场充满着变动，用户的行为也随时可能发生变化，需根据实际情况及时调整营销策略； ③内容创新挑战。为了保持对用户的吸引力，需要持续产出优质内容，这对创新能力有较高的要求

综上，在小红书营销中运用 IDEA 模型，可以优化营销策略，扩大品牌影响，提升产品销量和用户转化率。IDEA 模型拥有系统性、灵活性、数据驱动等优势，不过在使用 IDEA 模型时，也需要克服数据获取与分析方面的挑战，应对市场和用户行为出现的变化，并通过持续的内容创新保持内容质量。熟练地运用 IDEA 模型，可以帮助品牌方在小红书上取得更好的营销效果。

AIPS 转化通路：消费者决策破解

品牌与用户在小红书平台中的互动催生出了一种独特的营销生态。小红书中独有的用户行为路径模型为 AIPS 模型，该模型能够对用户行为轨迹进行精准呈现，并助力品牌制定行之有效的营销方案。

▶ ① AIPS 模型的核心概念

在小红书平台中，AIPS 模型是一个人群模型，主要包含认知人群、种草人群、深度种草人群、购买人群和分享人群。具体来说，在 AIPS 模型中，A 指的是 Awareness，意为认知；I 指的是 Interest，意为兴趣；P 指的是 Purchase，意为购买；S 指的是 Share，意为分享。而用户在小红书中的行为路径也可划分成认知、兴趣、购买和分享四个步骤，如图 2-16 所示。

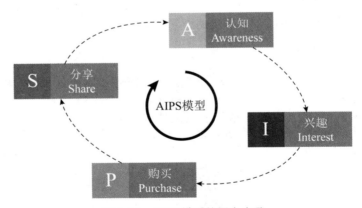

图 2-16　AIPS 模型的四个步骤

a. 认知（Awareness）。在 Awareness 阶段，用户可以通过平台推荐或关键词检索等方式获取品牌信息或产品信息，从而产生与品牌的第一次连接。对品牌来说，若要提升自身在 Awareness 阶段的曝光度和知名度，就要提高内容质量和投放的精准度，增强营销内容对用户的吸引力，与用户之间建立连接。

b. 兴趣（Interest）。在 Interest 阶段，用户已经受到营销内容的吸引，对品牌或产品有了一定的兴趣，可能会进入详情页获取更加详细的产品信息，也可能会在小红书社区中进行搜索、讨论、互动。对品牌来说，若要提升自身对用户的吸引力，激发用户兴趣，就要在小红书平台中输出有价值的内容，提高内容质量，优化用户体验。

c. 购买（Purchase）。在 Purchase 阶段，用户已对产品具有较为浓厚的兴趣，可以通过小红书平台或其他电商平台在小红书中设置的链接来购买商品。对品牌来说，若要提升销售量，就要为用户购买商品提供方便，同时也要对售后服务进行优化和完善。

d. 分享（Share）。在 Share 阶段，用户已经完成对产品的购买，若用户对产品的满意度较高，那么可能会通过小红书平台分享产品使用感受，其他感兴趣的用户可能会经过搜索或平台推荐浏览到这一分享内容，并受该内容的影响去购买产品。对品牌来说，若要扩大营销范围，提升产品销量，就要借助相应的激励机制来鼓励用户积极进行分享。

▶ ② AIPS 模型的应用

a. 提高认知度。在 Awareness 阶段，品牌需要制定行之有效的营销方案，通过小红书平台投放优质的营销内容，并提高内容投放的精准度，扩大自身在小红书平台中的知名度和影响力。从实际操作上来看，品牌可以根据品牌形象和产品特色发布相应的视频笔记或图文笔记，也可以从关键词和投放方向入手提高营销内容的曝光度。

b. 激发兴趣与好奇心。在 Interest 阶段，品牌需要提高内容质量，优化用户体验，提升用户对产品及品牌的兴趣，吸引用户点进营销笔记和产品页面。从实际操作上来看，品牌可以在小红书平台中发布产品使用感受类笔记，帮助用户进一步了解产品详情，也可以通过参与社区讨论等方式加强与用户之间的互动，提高用户参与度，增加用户的互动体验，增强用户黏性。

c. 促进购买决策。在 Purchase 阶段，品牌需要为用户购买产品提供方便，并优化完善售后服务，为消费者提供良好的消费体验，引导消费决策。从实际操作上来看，品牌可以在小红书平台中设置产品的购买链接或其他平台的购买页面的跳转链接，并提供相应的购买教程，方便用户购入产品，也可以加强售后服务保障，让用户可以没有后顾之忧地购买产品。

d. 鼓励分享行为。在 Share 阶段，品牌需要对用户进行引导和激励，利用相关激励机制或一定的奖励来支持用户分享自己的消费体验。从实际操作上来看，品牌可以建立分享奖励机制，鼓励用户在小红书平台分享产品使用感受，并通过分享来加强与用户之间的互动，进而提升品牌声誉，扩大品牌影响力。

▶ ③ AIPS 模型的优化策略

概括而言，AIPS 模型的优化策略主要包括以下几个方面，如表 2-9 所示。

表 2-9　AIPS 模型的优化策略

优化策略	具体内容
持续优化内容质量	在 AIPS 模型的四个阶段中，品牌都要提高营销内容的质量和创新性，优化营销内容的表现形式，并根据用户需求和平台的变化及时对自身发布的营销内容进行调整，以便借助优质的内容来增强产品对用户的吸引力
精准定位目标用户	品牌需要明确自身产品的目标用户群体，广泛采集目标用户群体信息，并据此绘制相应的用户画像，有针对性地制定相应的营销方案，以便提高用户转化率，获得更好的营销效果
强化社区互动	品牌需要在小红书平台中与用户进行互动交流，加强自身与用户之间的联系，提高用户对品牌和产品的认知度和信任度，为实现高效转化打下良好的基础
用户行为的多样性	品牌需要了解各类用户的需求和特点等信息，并据此推测各类用户的行为路径和决策过程，针对不同类型的用户分别设计营销策略
平台规则和政策的变化	品牌需要加大对平台规则和相关政策的关注，及时发现其变化，并据此对营销策略进行调整，确保自身营销策略始终符合实际情况

对品牌来说，利用 AIPS 模型在小红书中进行营销能够实现对营销策略的优化升级，进而达到提高投放精度和用户转化率以及优化营销效果的目的，但同时也存在许多挑战，为了进一步提高营销的有效性，品牌需要加强创新，及时把握市场、政策、平台规则和用户需求的变化，并在此基础上对营销内容、营销方案等进行优化和完善。

NPS 场景魔法：驱动消费的新力量

NPS 模型由三个关键要素组成，分别是洞察需求（Need）、产品定位（Position）、挖掘场景（Scene），如图 2-17 所示。

图 2-17 NPS 模型的三个关键要素

▶ ①洞察需求（Need）

洞察目标用户的需求，首先要明确什么是需求。

用户会经历从"需要"到"欲望"再到"需求"的过程。需要是人由于缺乏某样事物而产生的，可以分为不同的层次。例如，对温饱和安全的需要属于基本生理需要；对情感和尊重的需要属于社会需要；对知识和自我表现的需要属于个人需要。这些需要是自然存在的，不需要刻意创造。

需要会表现为欲望，欲望与文化、个性以及社会背景有关，当拥有足够的购买力和资源后，欲望就将完成向需求的转化，而需求是消费的根基。

对于需求而言，真实是最重要的，洞察需求就是要找出目标用户的痛点，关注用户尚未得到满足的需求，基于用户的真实需求来进行种草。

除现实需求外，用户还有心理需求或潜在需求。当条件成熟时，潜在需求可能转为现实需求。心理需求可以驱动现实需求的产生，作为现实需求的前奏。需要注意的一点是，人为创造需求是不可取的，这样得到的需求并不是真正的需求，无益于种草的成功。

▶ ②产品定位（Position）

品牌需要定位，产品也需要。产品定位是关于需求的定位，即产品可以满足目标用户的哪些需求。在进行产品定位时，可关注用户的现实需求、心理需求、潜在需求，通过产品与需求的匹配来激发消费者的购买欲。

目标用户可能会特别看重某产品的某个方面、某种属性，根据用户需求确立产品特色。产品特色有多种表现形式，它可以是外观、构造、功能等方面的实体特征，也可以表现为时尚、奢华、实用等总体风格，还可以是价格、质量等基本的商品属性。

除了了解目标用户对产品各属性的重视程度外，品牌方在产品定位时还需要考察竞争对手，关注竞争对手的产品特色，在知己知彼的前提下确立对消费者更有吸引力的产品特色。

▶ ③挖掘场景（Scene）

挖掘场景是 NPS 模型中非常关键的一个因素。

用户的决策主要有认知型决策、习惯型决策、集体型决策三类，前两类是针对个人用户而言的。认知型决策由五个阶段组成，分别是确认需要、搜索信息、评估备选方案、做出购买决策、购后行为。

用户遇到了某个问题，或是产生了某种需要，这是购买过程的起始。需要可能是从内部产生的，比如一个人在极度饥饿的情况下会产生对食物的需要，这种需要会驱使他去购买食品。此外需要也可能是受到外部激发而产生的，如何从外部激发用户的需要正是品牌方要考虑的问题。品牌方要发现用户的问题和需要，并探究其产生的原因，根据用户需要激发用户对自身产品的需求，在刺激需求时要选择恰当的场景进行切入，以增加用户的代入感。

有的时候人们不是单独做出决策，而是通过多人协作共同完成决策，这就是集体型决策。集体型决策中有几个不同的角色，发起者提出购买需求，开启购买行动，影响者对购买决策产生影响，决策者做出购买决策，购买者执行购买行为，使用者占有并使用购买到的产品。通过场景切入，可以将集体型决策的所有参与者都代入进来。

因此，品牌方要重视产品使用场景，场景在产品的开发和营销过程中都发挥着关键作用，构筑起了产品的灵魂。

简单说来，场景是一段叙事，是一件事情的完整过程。场景需刻画出环境以及参与者的内心活动，典型的人和事是其重点表现对象。好的场景能够带给人生动感和真实感，使人有身临其境的感受。

CPT 传播放大：内容扩散的绝招

CPT 模型由种草内容（Content）、传播者（Power Users）、放大工具（Tool）三个关键要素组成，如图 2-18 所示。

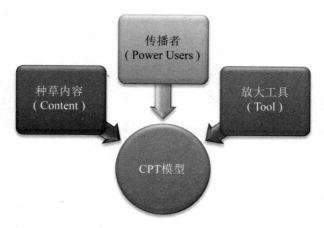

图 2-18　CPT 模型的三个关键要素

▶ ①种草内容（Content）

采用 CPT 模型，首先要做的是确定种草内容，这需要建立"主关键词"×"关联搜索词"品牌素材库框架。品牌方需了解目标用户的生活方式，据此确定种草的"主关键词"，"主关键词"以精炼为佳。对"主关键词"进行搜索后，小红书官方会根据"主关键词"推荐"关联搜索词"。

品牌素材库框架确定后，需要进行内容的填充，对"主关键词"×"关联搜索词"进行搜索后，小红书官方会推荐"细分分类词"，用于确定品牌内容的细分方向，此外参考推荐排序可以对标题等细微处做出优化。

▶ ②传播者（Power Users）

确认种草内容后需要寻找传播者，传播者主要有三个类型。

a. 品牌自身。许多品牌方并不会意识到自身就是品牌的传播者之一，实际上他们在品牌传播中发挥的作用非常关键。品牌方可以在企业账号上传递品牌的理念和主张，并与用户开展互动，让用户对品牌产生更多的了解，树立品牌形象。此外，品牌方要通过优质内容吸引更多的用户，更好地达到传播品牌的效果。

b. KOL。KOL 有着较大的影响力，能够产出高质量内容，并且往往能够形成自己的风格，是重要的品牌传播者。品牌方在进行品牌传播时要注意选择风格与品牌定位相符的 KOL，这样 KOL 所发布的种草内容就能较好地表现出产品的特色。另外，KOL 的粉丝数量以及粉丝群体的购买力也是品牌方需要考虑的一个方面。

c. KOC。KOC 为口碑创作者。产品的口碑可以通过 KOC 得到传播，从而影响更多用户的消费决策。

▶ ③放大工具（Tool）

找到传播者后，要借助流量工具放大种草内容的传播效果，下面我们介绍两种与内容种草联系比较紧密的小红书流量工具。

a. 信息流。信息流可以将种草内容精准地投放给目标用户，扩大内容的传播，操作该工具需要有一定的经验。

b. 好物体验。好物体验是小红书推出的口碑营销工具。该工具的运作过程是：品牌方发起新品试用活动，达人报名参加活动，而后平台会为品牌选择合适的优质达人，参照的因素包括达人的标签、粉丝数量、内容质量等；达人试用新品后会根据真实体验发布试用笔记，传播用户口碑，为品牌吸引更多的用户，品牌方可根据用户的反馈进行决策的优化。

IPSP 成交秘籍：高效转化实战指南

IPSP 模型由四个关键要素组成，分别是用户互动（Interactive）、人群画像（Portrait）、用户主动搜索（Search）、购买成交（Purchase），如图 2-19 所示。

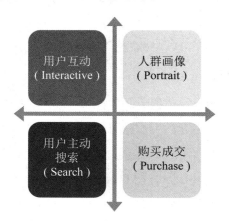

图 2-19　IPSP 模型的四个关键要素

▶ ①用户互动（Interactive）

品牌方应注重种草内容的质量，而非一味追求数量，高质量的、有效的种草内容能够吸引更多用户与品牌进行互动。参与互动的用户主要分为两类：第一类是兴趣用户，他们会通过点赞、收藏、评论等方式表现出对种草内容的兴趣；第二类是行动用户，他们所采用的互动方式更为直接，比如分享种草内容、关注品牌账号、向账号发送私信等。

▶ ②人群画像（Portrait）

品牌方需要了解种草内容所触达的人群画像，以确认种草内容是否触达目标用户。人群画像主要由三个方面组成，即性别、地域、年龄。对于许多品牌来说，生活在一二线城市的年轻女性是他们的目标用户。根据人群画像，品牌方可以对内容做出调整和优化。

▶ ③用户主动搜索（Search）

用户主动搜索代表种草内容取得了效果，当目标用户"长草"进而"拔草"时，品牌才能实现"割草"。用户有时会直接搜索品牌名，有时也会搜索与品牌有关的关键字，比如当有新品上市时，搜索词就可以是品牌名加产品名或者是产品昵称。对与品牌有关的搜索词进行监控，可了解到种草的效果，并对"割草"预期进行管理。

▶ ④购买成交（Purchase）

购买成交包括实时的成交金额，这是最直接的指标。另外加购增量和收藏增量也很重要，从种草到割草有时要经历一个较长的周期，对此应保持足够的耐心。

第 3 章

内容营销：
品牌与用户的热恋之旅

3.1 品牌个性塑造

账号定位术：4 种品牌定位攻略

小红书的独特性在于其以内容分享、生活圈层构建等方式从更深层次上对用户的消费理念进行关注，从而采取一系列的方法影响用户的消费决策，间接实现商品的销售。这与传统电商直接进行宣传并提供购买渠道的模式有很大差别，成为小红书最大的特点之一。

小红书账号是品牌方在平台进行运营的主要阵地，是品牌输出内容的载体。因此，在进行运营前，首先要明确账号的定位，不同的账号定位意味着不同的账号呈现方式，同时也决定着后期的运营节奏。以下列举出了小红书品牌账号定位中较为典型的 4 类，如图 3-1 所示。

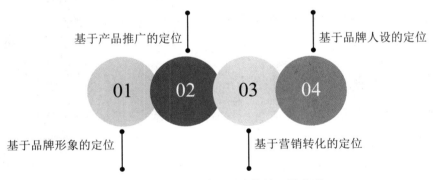

图 3-1　小红书品牌账号定位的 4 类典型

▶ ①基于品牌形象的定位

将品牌形象打造作为主要定位的账号往往要进行长期的运营，对用户进行认知占领，其主要功能是展现整体的品牌形象，以品牌自身的理念、价值、调性为中心，往往具有较高的辨识度，内容上更加精致。其内容的产出多是通过聚焦品牌特点，进行思维发散，对品牌进行多层面多角度的挖掘。一些奢侈品品牌可以使用这种类型的账号定位，一则其客户和需求表现集中，二则很多奢侈品品牌已经具有一定影响力，通过这种方式能够保持客户的关注度，不断加深用户对品牌的认知，提高用户的忠诚度。

▶ ②基于产品推广的定位

以产品推广为定位的品牌账号往往具有更高的活跃度与更快的运营节奏，适用于对单品或一些更新迭代快的产品进行推广，如用于电子产品的推广等。其主要目的是在短时间内迅速实现某一产品的破圈，提升产品销售量，相比于打造整体品牌形象的账号能够在短时间内迅速获得更高的转化率。

▶ ③基于营销转化的定位

以营销转化为定位的账号主要服务于针对大众消费者进行推广的品牌，这类品牌产品的特点是多属于易耗品、消费频率高且购买决策简单，比如日用品、护肤品以及餐饮企业，一些需要为线下店铺引流的品牌同样可以运营此种定位类型的账号。

▶ ④基于品牌人设的定位

以品牌人设为主要定位类型的账号往往具有较强的亲和性，在用户群体中有较高的喜爱度与互动度，一般运营内容多是围绕品牌核心产品进行趣味内容、趣味知识的分享，一些话题度较高的品牌可以使用此种定位类型的账号，比如一些手游品牌等。

内容规划轴：7 个维度打造精品

在已经明确账号定位的前提下，我们需要对账号内容定位进行规划，以实现对用户的吸引，完成与用户的交互。账号内容决定着后续的运营过程能否实现高效引流，是关系营销转化率的重要因素。具体来说，账号内容定位规划方考虑以下 7 个维度，如图 3-2 所示。

图 3-2　账号内容定位规划的 7 个维度

▶ ①风格呈现

风格呈现是品牌内在调性的外在表达，是促使用户形成品牌认知的重要因素，其主要由视觉风格的呈现与内容表达风格的呈现两部分组成。

a. 视觉风格呈现。视觉风格呈现主要是通过画面带给用户视觉上的美好感受，让用户在看到账号主页时能够迅速形成对品牌的感官认识。这就要求在进行账号主页设置时遵从一定的美学原则，使主页界面上笔记封面尽可能风格统一、注重品牌调性的突出，采取适宜的色彩搭配方式等。

b. 内容表达风格呈现。确定内容表达风格即选取与账号定位、所面向受众偏好相匹配的表达风格，比如账号定位的品牌人设偏向先锋小众，那在内容的表达上也要尽量通过陌生化的语言、简洁有力的叙述和醇厚的音乐来实现，避免仅仅为了表达官方内容而导致与账号整体调性出现割裂。

▶ ②内容方向

内容方向决定了账号内容的整体调性，比如自然堂官方账号的分享内容多与各种护肤场景相关，包括早晚护肤、季节护肤、根据肤质进行护肤品选取等。总而言之，围绕"变美"和"科学护肤"等中心内容，将与其相关的应用作为主要方向，让用户在浏览账号时能够感受到账号的整体价值，愿意长期关注账号以获得更多有关某一方面的实用内容。

▶ ③内容价值

内容价值是账号运营中最为核心的部分，它决定着账号能否"留住"用户，是账号进行粉丝巩固的关键。内容价值主要指账号分享的内容对于用户的价值，这种价值涵盖四个维度，如表3-1所示。

表3-1　内容价值的四个维度

内容价值	具体内容
实用价值	教会用户"怎么做"
认知价值	拓宽用户的知识面，帮助用户加深对某一事物的理解
情绪价值	能够带给用户情感共鸣
宣传价值	仅仅对新产品新功能进行宣传等

▶ ④内容特征

内容特征即内容类型，比如是通过幽默诙谐的段子进行内容价值观的输出，还是通过知识科普输出技巧方面的"干货"，常见的内容特征包括生活场景应用、产品测评、新品信息速递、行业知识科普、品牌营销、活动促销与用户互动等类型。

▶ ⑤更新频率

更新频率主要从内容更新节点和内容持续性两个方面进行把握。

a. 内容更新节点。内容更新节点即内容更新的时间周期所对应的笔记数量，是每天更新1篇、每周更新5篇还是每月更新25篇。另外还包括固定更新时间点的选择，如日更的话为每天晚上8：00更新、周更的话为每周五晚上8：00更新等，固定更新时间节点在账号运营中并非必要，可结合账号实际情况及粉丝反馈决定是否选择。

b. 内容持续性。内容持续性是指在保持账号整体风格的基础上不断保证内容的质量和新意。这需要品牌团队具有较强的创作和内容规划能力，持续、具有新意的内容是确保账号能够持续吸引粉丝、在平台获取更多曝光量的关键，因此需要在账号运营前确定好整体的框架，在更新过程中不断就新的点进行阐发。

▶ ⑥差异化

在小红书平台上，那些关注量较多的"爆款"笔记总会被看作"流量密码"，而被其他创作者争相模仿，久而久之，往往会出现平台内容同质化的问题，导致用户产生"浏览疲劳"。因此为了更好地提升账号的辨识度，增强用户对账号的兴趣，让账号能够在与同赛道品牌的竞争中脱颖而出，就必须保持账号的差异化。但这并不意味着要刻意避开潮流，而是要求账号运营团队在爆款学习的基础上加以创新，突出品牌特色。而对于那些不需要差异化运营的账号，则无须考虑这一问题。

▶ ⑦呈现形式

呈现形式即品牌所要输出的内容以何种方式传递给用户，常见的呈现方式包括短视频、图文笔记等。呈现形式主要影响两个方面：一是内容的呈现效果，是否具有较强的张力和较大的感染力；二是内容创作的成本，如视频拍摄的道具、资金以及图文创作的内容来源等。

互动升温计：提升用户黏性的妙招

账号互动常常是品牌运营中较易被忽视的部分，然而其却对账号的影响力和关注量有着极为重要的影响。这主要是因为小红书作为一个社交平台，其所具有的社交属性决定了高质量的用户互动将有利于账号内容更好地被传播。概括来说，账号笔记互动具有以下几个方面的优势，如表 3-2 所示。

表 3-2　账号笔记互动的优势

序号	具体优势
1	让用户感受到一种被"选中"的喜悦感，提升用户积极性，形成更多忠诚用户，形成内容发布与用户互动的正向循环
2	利用"羊群效应"吸引其他用户进行关注，持续增加账号热度
3	在互动的过程中进一步增进对用户的了解，发掘他们的兴趣点，更好地推动后续内容的优化升级，为创作提供灵感
4	通过高活跃度的用户互动，更好地进行价值转化，避免客户资源流失
5	互动度是小红书平台流量分配机制中的一项重要影响因素之一，互动度越高，获得的曝光机会越多，并且还有可能获得额外的流量扶持

提起互动，读者可能想到的就是单篇笔记的留言互动，但互动其实还包括互动页、品牌话题页、账号收藏页三种场景的互动。

▶ ①互动页

互动页板块主要是对同一品牌产品用户所发布的使用反馈笔记内容进行汇聚而形成的内容分区。如 A 用户购买了 B 品牌的产品，在使用后将使用体验与产品评价通过笔记的形式发布在小红书平台上。

在这个过程中，用户可以通过 @ 品牌方的形式发起互动，在收到用户的互动通知后，品牌方及时做出反馈，根据实际情况决定是否在品牌账号互动页板块进行展示，在页面形成类似于产品评价墙一样的效果。用好互动页板块，能够有效地向用户展示产品的优点，通过大量的用户好评提升新人粉丝对产品的信任度，更好地推动品牌销量提升，因此在进行账号运营时需要重点关注。

▶ ②品牌话题页

品牌话题页主要由企业主导，类似于笔记征集活动，往往由品牌方发起，鼓励各个用户以品牌为话题中心进行内容创作和笔记发布，而在所发布的笔记下，用户又可以自由留言，展开交流。

通过品牌话题页，品牌能够进一步提升自身讨论度，吸引更多用户的注意，同时也为想要进一步了解品牌的用户提供了一个第三方评价获取基地，有助于品牌更好地积累客户资源。但需要注意的是，小红书平台的品牌话题创建是一项收费服务，每个品牌仅在首次发起话题时能获得免费的话题发起机会，随后则需要支付较高的推广费用，因此建议品牌在进行话题发起时提前做好规划。

▶ ③账号收藏页

账号的收藏页功能能够方便品牌方通过创建收藏夹对账号自身所发布的内容进行归类，甚至还可以对同一类别下的笔记进行排序，优化用户的浏览体验，方便用户对感兴趣的内容进行深度探索。同时可以根据笔记之间的组合进一步提升不同专辑与不同需求用户的匹配度，拓展已有内容的价值转化空间。

综上所述，在小红书账号运营过程中，账号定位起着导向性作用，决定着后期运营的节奏与成本，因此需要谨慎确定。而内容则是账号运营的主体，承载着所有品牌想要向外输出的内容，同时也是吸引用户关注的"钩子"，因此在运营过程中要对笔记的内容质量、内容连续性和更新频率进行严格把关。除了要关注账号自身外，在运营过程中还要充分重视与用户的互动，用好互动页、品牌话题页等平台功能，保持与用户的高效互动，结合品牌自身的运营策略做好日常运营工作。

情感联结法：品牌 IP 化 4 大策略

随着 IP 在营销方面的作用日渐突出，各行各业的企业陆续开始推动品牌 IP 化工作，力图借助品牌 IP 来提升自身品牌的声量和认知度。品牌 IP 化是一项具有一定复杂度的工作，在推进品牌 IP 化的过程中，品牌需要制定切实可行的品牌 IP 定位策略。

近年来，移动互联网飞速发展，影响消费者购买决策的因素不断增多，产品的质量、外观、价格、个性和身份象征等都会影响消费者的最终决策。同时，消费者在情感方面的需求也日渐升高，产品的情感价值也成为消费者购物时需要评估的一项重要内容。不仅如此，流量成本也在不断升高，品牌需要借助品牌 IP 来获取更多流量。

在建立品牌 IP 的过程中，品牌需要打造品牌情感定位。从实际操作上来看，品牌需要以自身的产品和服务为基础，向用户讲述品牌故事，传达自身价值观，在情感层面打动用户，提高用户对品牌的认可度和信任度，充分满足用户需求，从而达到提高投资回报率（Return on Investment，ROI）的目的。

由此可见，建立品牌 IP 能够直击消费者的实际痛点，帮助品牌获取更多流量，品牌 IP 的人格化有助于满足消费者在情感方面的需求。在设计品牌 IP 时，品牌应充分了解自身产品特性，确保品牌 IP 与产品特性之间的契合度。

具体来说，企业打造品牌 IP 可以采取以下 4 种策略，如图 3-3 所示。

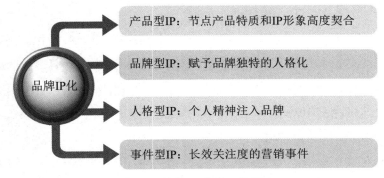

图 3-3 品牌 IP 化的 4 种策略

▶ ①产品型 IP：节点产品特质和 IP 形象高度契合

以产品为核心的 IP 能够增强产品对消费者的吸引力，进而提升销售转化率。一般来说，适合打造成 IP 的产品通常具备以下两个特征，如表 3-3 所示。

表 3-3 产品型 IP 的特征

特征	具体内容
辨识度强	具有这一特点的产品通常被称为锚点产品，这类产品主要指在无品牌词修饰的情况下也能够被直接锁定的产品，如小白瓶、小棕瓶、红腰子、神仙水等
声量大	在打造产品 IP 时，品牌可以对具有较大声量的产品进行情感属性叠加，降低产品 IP 化难度

▶ ②品牌型 IP：赋予品牌独特的人格化

因为具象化的品牌 IP 更容易给消费者留下深刻印象，所以为了增强品牌对消费者的吸引力，品牌在打造 IP 时需要提高品牌 IP 的具象化程度，并在此基础上根据品牌特色赋予品牌 IP 人格定位、价值观和故事，为品牌 IP 注入情感。

具象化的 IP 通常具有更高的辨识度，部分品牌可以选择使用具有一定特色的动物造型，并对其进行情感塑造，如三只松鼠、天猫、江小白等。故事和价值观是影响品牌 IP 在营销方面的有效性的重要因素，因此品牌还需利用文案来丰富 IP 内涵。以江小白为例，其品牌 IP 中融合了故事和情怀，能够引起消费者的共鸣，满足消费者的情感需求。

除情怀外，产品力也是影响产品销量的关键，而品牌 IP 具有放大产品力的作用，能够为品牌后续推进营销等工作提供强有力的支持。

▶ ③人格型 IP：个人精神注入品牌

品牌可以将创始人或核心成员的个人价值观融入品牌 IP 当中，借助品牌 IP 来向消费者传达品牌价值观，提升品牌的知名度、影响力和号召力。例如，苹果的品牌 IP 中融合了乔布斯的个人价值观；格力的品牌 IP 中融合了董明珠的个人价值观；小米的品牌 IP 中融合了雷军的个人价值观。

基于个人价值观的品牌 IP 通常被称为人格型 IP，这类 IP 与创始人或核心成员等品牌价值观所有者之间关系密切，当品牌价值观所有者离开该品牌或出现负面事件时，品牌 IP 将会受到一定影响，进而导致整个品牌的影响力下降或出现负面评价。

▶ ④事件型 IP：长效关注度的营销事件

品牌可以设计具有较强的可持续性的营销事件，如淘宝购物节、天猫超级品牌日、支付宝集五福等，并基于这一事件来打造品牌 IP，以便获取持续性的曝光。

基于可持续性营销事件的品牌 IP 通常被称为事件型 IP，这类 IP 能够不断为品牌增加曝光，反复不断地为品牌带来流量。在打造事件型 IP 的过程中，品牌需要多次重复在某一节点对某一类型的事件进行营销，推动这一事件实现大范围传播。从本质上来看，事件型 IP 的表现形式可能在不断变化，但其内核始终不变，以支付宝集五福为例，活动方式越来越多样化，但用户互动和发放红包是始终不变的。

现阶段，小红书品牌 IP 化已逐渐成为新的发展趋势。随着用户的情感需求的日渐复杂，为了有效抓取用户注意力，品牌需要明确情感定位，将情感融入品牌 IP 当中，满足用户在情感方面多元化的需求。从实际操作上来看，在打造小红书品牌 IP 的过程中，品牌需要注意以下几个注意事项，如表 3-4 所示。

表 3-4　小红书品牌 IP 打造的注意事项

序号	注意事项
1	围绕不同类型的消费者的情感需求打造品牌 IP，利用品牌 IP 来提升品牌的产品力
2	在品牌 IP 中引入角色、故事和价值观，提高品牌 IP 的完整度和丰富性，确保角色符合品牌形象，故事能引发消费者的共鸣，价值观能得到大多数人的认可
3	加快品牌 IP 塑造的速度，探索蓝海市场，在时间和市场上抢占优势地位

3.2　深度互动攻略

情感共鸣弹：泛流量内容的魅力

作为社交电商平台的小红书能够借助泛流量内容汇聚流量，从而拉近品牌与用户之间的距离。

泛流量内容指在小红书上传播范围较广、关注度较高、得到用户喜爱的内容。通常来说，泛流量内容的实用性较强，且具备一定的创意，用户会围绕这类内容展开热烈的讨论。泛流量内容的涉及范围很广，包括美妆、穿搭、旅行、家居生活等。借助这类内容，小红书可以取得吸引用户、积累流量的效果。

▶ ①泛流量内容的特点

概括来说，泛流量内容具有以下几个特点，如图 3-4 所示。

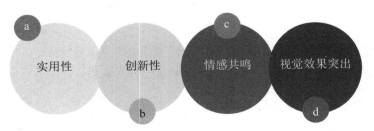

a 实用性　b 创新性　c 情感共鸣　d 视觉效果突出

图 3-4　泛流量内容的特点

a. 实用性。用户可以从泛流量内容中得到实用的建议，获取有价值的信息，从而有效地解决生活中遇到的问题，满足自己的各种需求。

b. 创新性。小红书上有海量的信息，泛流量内容之所以能够获得大量用户的关注，凭借的是自身的创新性，即内容的新颖和独特。

c. 情感共鸣。泛流量内容可以使用户产生情感上的共鸣，用户会从内容表达的情感、观点中感受到触动，体会到平台的人文关怀。

d. 视觉效果突出。泛流量内容拥有值得称道的视觉效果，主要体现为精美的图片和精心制作的视频，这样能够提升内容的吸引力，激发用户对内容的兴趣。

▶ ②泛流量内容的作用

具体而言，泛流量内容具有以下几个方面的作用，如图 3-5 所示。

图 3-5　泛流量内容的作用

a. 提升平台流量。泛流量内容本身拥有较高的质量，对于用户有着较强的吸引力，可以为平台集聚流量，扩大平台的用户群体。

b. 增强用户黏性。作为平台内的优质内容，泛流量内容可以为用户提供实际帮助和情绪价值，因为泛流量内容的存在，用户愿意深入参与和融入平台，由此用户的黏性得到了增强。

c. 促进品牌推广。泛流量内容是品牌推广的重要工具，品牌方可以将自己品牌和产品的信息加入泛流量内容中，利用泛流量内容的广大关注群体提升品牌曝光率。

▶ ③泛流量内容的构建策略

对于品牌商家来说，可以采取以下几个策略来构建泛流量内容，如图 3-6 所示。

图 3-6 泛流量内容的构建策略

a. 深入了解用户需求。创作泛流量内容，首先要掌握用户的需求和喜好，可以通过收集和分析用户信息的方式来实现，根据用户需求和兴趣创作出的内容更有可能赢得用户关注，从而成为泛流量内容。

b. 挖掘热门话题。用户往往会对热门话题产生兴趣。密切关注实时社会热点、重要事件等，从中挖掘用户感兴趣的话题，与热门话题有关的内容更容易吸引用户的关注。

c. 创新内容形式。新颖的内容形式能够激发用户的兴趣，吸引用户的注意。内容形式的创新可以从文字表达方式上入手，也可以从呈现形式上入手，比如采用短视频等方式进行内容的展现。

d. 与优质内容创作者合作。优质内容创作者有着较强的内容创作能力和丰富的创作经验，与他们进行合作有助于高效产出泛流量内容。

通过以上策略完成泛流量内容的创作，取得吸引用户关注、积攒平台流量等效果。

购买欲望钩：卖点类内容的魔力

身处信息爆炸时代，用户能够获得更多关于商品的信息，选择余地的扩大使用户变得更加挑剔。小红书平台集合了购物和社交功能，许多热衷于购物的用户在此聚集，进行商品的浏览和挑选。而如何激发小红书用户的购买欲望，是品牌方需要考虑的问题。

小红书上的卖点类内容会介绍产品的关键信息，包括特性、功效、优势、使用方法等。另外，关于产品搭配的建议、优惠活动等也是卖点类内容的一部分。品牌方试图通过卖点类内容增进用户对产品的了解，提升产品的关注度，使用户产生购买产品的意愿。

▶ ①卖点类内容的特点

卖点类内容具有以下几个方面的特点，如表 3-5 所示。

表 3-5　卖点类内容的特点

主要特点	具体内容
突出商品特点	卖点类内容能说明商品所具备的特点，包括用料、设计、功能等多个方面，使用户形成对商品的了解和认识
强调优势、价值	除了介绍商品特点外，卖点类内容还能凸显商品的优势和价值，相较于同类商品的突出优势很可能成为用户选择商品的理由，同时商品的性价比也是吸引用户的关键因素
融入使用场景	卖点类内容会采用融入使用场景的方式演示商品的实际效果，使得用户对商品功效产生更加直观的认识
激发情感共鸣	卖点类内容还包括关于商品的故事、商品的设计理念等，以此引起用户情感上的共鸣

▶ ②卖点类内容的作用

具体来说，卖点类内容的作用主要体现在以下几个方面，如表 3-6 所示。

表 3-6　卖点类内容的作用

主要作用	具体内容
提升用户认知	通过卖点类内容，用户得以深入了解产品，通过全面掌握商品信息提升对商品的认知，基于对商品的全面认知做出购买决策
激发购买欲望	卖点类内容让用户得以了解到商品的优势和效果，激发用户对商品的兴趣，使用户产生购买商品的欲望
传递品牌价值	除了对商品信息的介绍外，卖点类内容中还包括品牌的理念和价值观。如果品牌秉持的价值观得到了用户的认可，那么用户就会产生购买该品牌产品的意愿，并且可能会将该品牌作为自己的长期选项
促进成交转化	通过提升用户认知、激发购买欲望、传递品牌价值，卖点类内容引导用户选择商品并完成购买行为，使品牌获得实际收益，促进成交转化是卖点类内容所要达到的最终目标

► ③卖点类内容的构建策略

品牌商家在构建卖点类内容时可以采取以下几种策略，如图 3-7 所示。

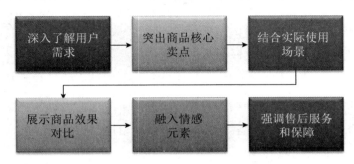

图 3-7 卖点类内容的构建策略

a. 深入了解用户需求。根据用户的需求及痛点进行卖点类内容的创作。服务于用户的需求和痛点是建立商品优势的重要前提，符合用户需求、能够解决用户痛点的商品更容易赢得用户的青睐。

b. 突出商品核心卖点。一种商品可能包含多个卖点，但在向用户介绍商品时应当着重强调商品的核心卖点，以凸显商品特色，最大限度地展现出商品的竞争力，从而更容易激发用户的购买欲望。

c. 结合实际使用场景。商品需要应用于具体的场景，因此结合实际使用场景介绍商品，能够让用户更好地了解商品的使用方法和实际功效，更容易使用户产生购买意愿。

d. 展示商品效果对比。使一款商品从与同类商品的竞争中脱颖而出的，往往是其某项不可替代的特质，或是性价比方面的优势，因此可将商品与竞品进行对比，凸显商品的特质和性价比，赢得用户青睐。

e. 融入情感元素。有时一款商品吸引用户的不仅仅是其实际的功用，还有与商品有关的情感元素，比如商品的幕后故事，商品所传递的理念等。情感元素会引起用户的情感共鸣，使用户产生购买意愿。

f. 强调售后服务和保障。向用户传达品牌售后服务和保障的相关信息，如退换货、质量保证等，消除用户的顾虑，使用户对品牌产生信任，从而放心地进行产品的购买。

总之，小红书上的卖点类内容从商品特性、使用场景、情感元素、售后服务和保障等多个方面对商品进行介绍，使用户产生购买意愿，并转化为购买行为。

信任桥梁搭：人设类内容的力量

人设类内容是小红书主要的内容类型之一，它的特点是真实、有温度，主要作用是帮助博主建立与用户之间的信任关系。

人设类内容包括个人形象的描绘、个性与价值观的表达、故事和经历的讲述等。博主的日常生活，以及在购物、旅行、职场等方面的经历和感受都是人设类内容的组成部分。通过这些内容博主向用户展现出自己真实的一面。

► ①人设类内容的特点

人设类内容具有以下几个方面的特点，如表 3-7 所示。

表 3-7　人设类内容的特点

主要特点	具体内容
真实性	真实性是人设类内容的核心特质，博主在人设类内容中塑造自己的真实形象，表达自己的真实想法，分享自己的真实经历
独特性	每个人都有独属于自己的特性，因此人设类内容需具备独特性。在表达个人想法、分享个人经历时，博主往往会选择独特的视角进行切入，采用独具一格的表达方式，展现出个人的独特魅力
有温度	人设类内容是有温度的内容，能够引起用户的情感共鸣，在博主和用户之间形成情感连接。人设类内容的温度来自博主真实动人的故事以及积极向上的生活态度

► ②人设类内容的作用

人设类内容具有以下几个方面的作用，如表 3-8 所示。

表 3-8　人设类内容的作用

主要作用	具体内容
建立信任关系	人设类内容可以使用户了解到一个真实的博主，从而对博主产生信任，基于用户与博主之间的信任关系可开展商业合作、品牌推广等活动
提升用户黏性	博主发布的人设类内容使用户产生触动，为用户带来积极的情感体验，所以用户会持续关注博主，期待内容更新并积极与博主进行互动，对于博主而言用户的黏性得到了提升
扩大影响力	用户会分享自己喜爱的人设类内容，帮助博主扩大其影响力，同时分享行为可以层层传递，使博主的影响力在短时间内得到较为明显的提升

► ③人设类内容的构建策略

在构建人设类内容时，可以采取以下几种策略，如图 3-8 所示。

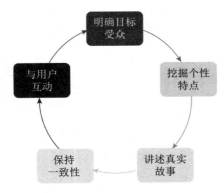

图 3-8 人设类内容的构建策略

a. 明确目标受众。确定目标受众是构建人设类内容的第一步，掌握目标受众的喜好、需求以及价值取向，确保内容与目标受众的偏好相契合，提升内容的关注度和影响力。

b. 挖掘个性特点。博主需对自身进行全面剖析，发掘出自己不同寻常的个性，同时也可以大量阅读同类型笔记，从而确定具备个人特质的表达内容，个性的表达将提升内容对用户的吸引力。

c. 讲述真实故事。博主可从自己的现实生活中积累内容素材，讲述自己的真实经历，表达真诚的观点和感悟，通过内容的真实性吸引用户的持续关注。

d. 保持一致性。"人设"是一个相对稳固和确定的形象，因此人设类内容也要具备一致性，博主在展现个性和表达价值观时要注意保持前后一致，以塑造用户对于自己的稳定认知。

e. 与用户互动。围绕人设类内容，博主需要与用户进行互动，回复用户的评论和私信，向用户表达自己的关心，使用户对自己产生更强的信任感，加深彼此之间的情感联系。

综上，小红书上的人设类内容具备真实、独特、有温度的特点，能够帮助博主建立与用户间的信任关系，同时使博主的用户黏性和影响力得到提升。

生活新风尚：运营策略新玩法

小红书的运营逻辑是"回归生活的态度"，而用户逻辑则是通过个人的"消费格调"来实现自身生活理念的外化。在平台上，兴趣推动内容生成，内容聚集形成话题，话题下汇聚用户形成生活社群。

在这个过程中，人们不再单纯地作为消费主体去追逐作为消费对象的品牌，而是将品牌作为其生活理念实现的一种元素；对于品牌的选择不再仅仅聚焦于品牌自身的特点与价值，而是更为关注品牌与其自身生活格调、生活理念的契合程度。因此，这意味着品牌在小红书平台进行营销时，不仅仅要关注其自身，还应该构建品牌产品与人们生活方式、生活理念之间的深度联结。

以将小红书作为线上主要营销阵地的新晋饮料品牌元气森林为例，在关注到小红书上流行已久的"戒糖""戒脂"生活趋势后，品牌方敏锐地捕捉到了其背后所反映出的年轻群体生活需求，从而在营销过程中结合产品特色将"0脂0卡0糖的健康品质生活方式"作为卖点进行宣传，从而迅速实现了在年轻群体间的推广，实现了对其生活的深度融入，如图3-9所示。

图3-9　元气森林的小红书营销

当以"元气森林"为搜索词在小红书上进行搜索时，可得到2万+的笔记搜索结果。笔记的类型也极具多样性，包括推荐笔记、创意喝法、食物搭配、美图美拍等，同时也包括一小部分吐槽笔记。

这些笔记并非官网所发布的营销内容，而是一些用户和达人在购买后自发地将其作为生活中的一项元素进行分享，这也使得这些笔记各有特色，营造出一种极具活力的生活分享氛围，提升了用户的信任度与好感度。

对于品牌商家来说，需要从三个方面对营销内容进行把握，内容运营策略如图 3-10 所示。

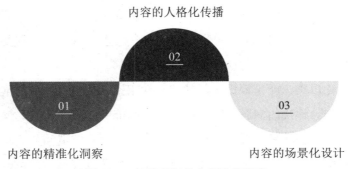

图 3-10　品牌商家的内容运营策略

▶ ①内容的精准化洞察

在小红书平台上，品牌进入用户生活圈、引起用户关注和讨论的关键是对目标人群进行深度分析，需要了解其生活方式、生活理念与消费格调，精准洞察其需求，贴合其偏好进行产品信息的推送。

举例而言，无印良品在产品设计方面的轻盈、简约实际上是其"空寂"意识的反映，其本质上是在销售一种质朴、纯粹的生活方式；耐克产品设计中各种形态灵活的线条实际上是其"生命的意义在于运动"这一理念的外化，其本质上是在售卖一种极具活力、极具开拓与创新激情的生活态度。

上述两个品牌都很好地在洞察用户需求的基础上实现了产品外在特性与品牌内在理念的一致性，因而对于追求质感的年轻客户群而言更能满足其消费格调。而那些仅仅有产品，却无法很好地针对用户需求进行产品理念的内在探索与外化表达的品牌，往往难以在平台上取得营销成功。

▶ ②内容的人格化传播

在每一个小红书社群中，都有一些因为自身内容优质而获得用户广泛信任，具有较强话语权的意见引领者。对于品牌来说，为了更好地适应小红书的内容分享，生活圈层构建对用户消费决策进行影响的平台模式，不能仅仅依赖于品牌官方账号进行营销宣传，还需要通过与意见引领者、高热度博主等进行合作，通过具有影响力的第三方为用户提供决策参考。在这个过程中，品牌应积极与达人进行探讨，建立达人内容风格、产品品牌特色与用户生活方式之间的深度联系。

▶ ③内容的场景化设计

小红书的"圈子"式用户集聚模式决定了需要通过相关场景的设计来实现贴合用户需求的"生活化种草"。在营销时要充分注意到这一点，需要结合不同的内容运用场景化思维去进行营销内容的高效呈现。

所谓场景化思维，就是根据产品的特点和用途，立足于产品所能满足的需求向前回溯需要产品解决的问题，即告诉用户产品能够发挥作用的时间、地点、场合与情况。比如对扫地机器人进行推广，就可以选取居家清洁作为场景，通过演绎在清洁过程中传统扫地方式存在的难以对卫生死角进行高效清洁、清洁过程中耗时耗力等痛点，引起用户兴趣。随后通过产品的软性植入激发用户对产品的体验欲望。

3.3 营销变现密码

底层逻辑链：内容营销两大维度解析

小红书是侧重生活经验与消费策略共享的原创内容平台，由于其具有门槛低、流量大、用户群体广等特点，越来越多的厂商将其视作品牌营销的一个重要途径。作为购物分享社区，小红书的运营策略主要是为用户提供优质内容，根据用户的需求，实现商业信息的自传播。

▶ ①内容营销矩阵

小红书的内容营销，以其独特的营销逻辑为中心，依靠不同账号组成的营销矩阵进行。

内容营销矩阵指的是能够抵达目标用户群体的多维渠道。借助营销矩阵全面接近用户，从而增强品牌传播的效果，是平台常用的营销手段。营销矩阵是一个多层次传播体系，涵盖素人、行业专家和企业账号等多种信息源。

a. 素人创作。素人创作指普通用户通过平台分享经验、经历等内容。就创作效果而言，素人创作更具情感价值，易为其他用户所接受，有助于消除品牌与用户之间的距离感。就用户比例而言，素人的数量远远超过专家与企业号，会反复强化用户对于品牌的印象。

b. 行业专家。行业专家作为公众意见的次级传播中心，能够筛选、加工营销的内容，将其转化为用户群体更喜闻乐见的形式。这类账号发表意见的权威性、说服性更强，能够接触到的用户面更广，能够帮助品牌营销的内容在一个更大的范围内传播。

c. 企业账号。企业账号简称企业号，是品牌在平台上的代言人，其职责主要是代表品牌方处理用户的反馈，解决用户的疑问。此外，随着媒介语言的丰富，企业号的营销形式也不断更新，在与用户互动的同时，许多企业号都出现了个性化、拟人化的趋势，能够强化用户对于品牌的认同。

▶ ②内容营销策略

通过制定内容营销的策略，品牌可以有依据地引导用户消费，并将平台用户转化为品牌的用户。由于小红书提供决策支持的平台特性，品牌的内容营销也应立足于决策流程，通过推送决策方案为用户提供便利，从而为品牌培养一批种子用户，提高用户的整体黏度。

a. 种子用户引导。基于品牌的产品设计营销方案，优先吸引一批平台用户，培养为品牌的原始用户。这些种子用户会作为次级传播源，通过线上创作、线下分享等形式，将品牌的营销内容传递给其他用户。

b. 二次传播引导。由于小红书生活经验分享的特性，在后续的平台运营中，如果一些种子用户对品牌体验良好，可能会通过素人创作的形式发布相关内容，在平台上引起讨论，促进品牌形象的进一步传播。

c. 主动化口碑传播。用户自发传播有别于品牌主动营销，能够使潜在用户直接了解产品的规格、效果，接触到最真实的使用反馈。当自发传播达到一定规模后，会在较大范围内形成共识，品牌的良好口碑也就得以树立。

制定合理的营销策略，灵活运用品牌的营销矩阵，能够帮助品牌完成培养用户—二次传播—吸引用户的闭环，通过重复这个过程，不仅能够提高品牌的知名度，扩大营销规模，还能够持续提高用户黏度，正向塑造品牌形象。

爆款引流诀：6 大策略打造热文

在进行内容创作时，品牌方需要兼顾内容的实用性与吸引力，以下 6 个策略将帮助品牌方高效打造热文，以达到预期的营销效果，如图 3-11 所示。

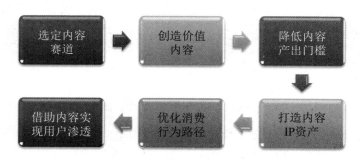

图 3-11　打造爆款内容的 6 个策略

▶ ①选定内容赛道

确定目标赛道是整个内容营销的前提，赛道的特性决定了产品是否具有差异性，是产品吸引力的来源。在选择赛道时，应结合当下的市场风向，寻找用户的诉求，这要求决策群体必须足够了解用户心理，并对一段时间内的市场走向有比较精准的预测。

▶ ②创造价值内容

内容创造必须以用户为中心，通过为用户提供决策支持、经验分享等服务，解决用户的实际问题。品牌的独特内容与价值理念应该蕴含在服务的过程中，潜移默化地提高用户的认可度。但应注意，无论是什么形式的内容创作，都需要兼顾内在理念与外在形式，力争给用户留下深刻印象。

品牌方可以参考同类产品的爆文模板，在短时间内生产出与自己产品有关的内容，这样可以大幅提高内容投放的效率，增加产品的曝光率和转化率。品牌方要较多采用产品使用推荐笔记和排行榜笔记进行品牌的营销，因为这两类笔记模仿起来相对容易，且有助于实现高效转化。在进行笔记创作时，要注重封面设计的独创性和内容的实用性，吸引更多用户的关注和购买。

▶ ③降低内容产出门槛

营销内容注重吸引力的目的是依靠用户完成二次传播，而素人用户的数量大、粉丝规模较小，想引起质变，就必须保证创作的数量。因此，必须降低内容创作的门槛，让更多用户参与到二次传播中。为提高传播的效果，还可以向用户提供创作模板、主题，复制成功案例。

在笔记发布方面，先发优势很重要，品牌方要在笔记发布上尽早布局，以取得更多市场份额，在激烈的市场竞争中占得先机。针对季节性产品，品牌方可以提前收集过往爆文素材开展内容创作，做好充足的准备，在季节来临时立即进行内容的投放，从而获得先发优势，吸引更多用户的关注。

▶ ④打造内容 IP 资产

品牌方需要具备长线发展的战略目光，在吸引用户的基础上，不断提高用户黏度，将营销成果转化为品牌的固定收益。因此，营销内容需要具有区分度，形成独特的品牌效应，不断提高品牌的知名度，将内容特色打造成为品牌的 IP 资产。

▶ ⑤优化消费行为路径

营造独特的内容，从而吸引潜在的用户群体，通过提供决策方案，将用户引向消费行为，这是内容营销的最终目的。而要实现用户的消费行为，就需要完善消费途径，一般通过在营销内容中设置消费链接、活动入口、优惠额度等方式引导用户消费。品牌还需要接受以上途径的反馈，不断优化消费流程。

▶ ⑥借助内容实现用户渗透

小红书等平台上的品牌推广与广告不同，为了引起共鸣，必须贴近用户的真实生活，其形式可以是讲述故事、分享经验，尽量为用户提供情感价值，促使用户参与到推广过程中。而为用户提供决策支持、消除信息差等行为则能够拉近与用户的距离，培养核心受众。

以上六个步骤是涵盖策略制定、方案实施、内容传播与成果转化在内的完整营销流程。而与用户建立更深层次的关系则是一个长期的过程，这要求品牌始终以用户需求为导向，持续创造优质内容。

实战流程：内容营销的 6 个步骤

对于用户来说，小红书是一个依靠兴趣进行内容生产、实现用户聚集的生活分享平台，其所提供的搜索、推送、内容发布与笔记留言等功能其本质都是更好地帮助用户在自身生活追求的指引下实现对自我生活内容的分享、自我生活圈层的构建以及自我生活方式的实现。在这个过程中，用户自身的主观态度是居于支配地位的。

而对于商家来说，小红书上所呈现出的消费特点是个性化、差异化和多元化的。总而言之，小红书平台实现了对传统商业模式的变革，将"产品寻找客户"的传统模式变为"客户寻找产品、分享产品"的方式，实现了以用户为中心的消费与经营模式。

对于品牌商家来说，想要在小红书平台上实现内容转化与变现，需要遵循以下几个营销步骤，如图 3-12 所示。

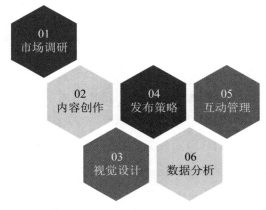

图 3-12　内容营销的 6 个步骤

▶ ①市场调研

内容营销首先需要开展市场调研，以了解市场形势，掌握消费者的需求、偏好、行为模式。市场调研的具体内容包括分析市场的季节性趋势，研究竞争对手所采用的内容策略，通过社交媒体观察目标用户的行为等。根据市场调研的结果，品牌方确定最符合市场和消费者需求的产品类别，以及最具吸引力的内容方向。

▶ ②内容创作

内容方向确定后，品牌方需着手进行内容的创作。高质量是内容应达到的基本要求，此外内容应当能够满足用户的实际需求，体现出产品的特色。除了文字之外，内容中还应包括图片、视频等视觉元素，以吸引更多用户的关注。内容创作完成后，还需对内容进行搜索引擎优化，尽可能让内容出现在小红书搜索结果中靠前的位置。

▶ ③视觉设计

视觉设计可以帮助内容营销取得更好的效果，比如，一幅精心设计、独具特色的封面图能够吸引更多的用户查看笔记。视觉内容包括笔记封面图以及笔记内的图片与视频，品牌方应邀请专业设计师进行视觉内容的设计，创作出既能引起用户兴趣，又能体现品牌形象与特色的视觉内容。

▶ ④发布策略

在发布策略方面，品牌方应通过分析考量确定合适的内容发布时间。最好在用户活跃度较高的时间段进行内容的发布，这样能够在第一时间得到更多用户的关注，成为热门内容的概率更高。节假日、热点事件等也是内容发布的良好时机，能够显著提升内容的曝光率。除了发布时间外，内容发布的频率也要做到适当，发布频率过低不利于持续吸引用户，发布频率过高则可能无法保证质量。

▶ ⑤互动管理

内容发布之后，品牌方要关注用户的评价和反应，并积极与用户进行互动。及时回复用户的评论，尤其是及时回答用户提出的问题，对于用户的精彩评论进行点赞和分享，并参与到与内容有关的话题讨论中。通过互动，品牌方能够了解到用户的想法和需求，并得到用户的建议和反馈，这些都将为后续内容策略的改进提供重要参考。

▶ ⑥数据分析

内容发布后，品牌方需通过笔记的阅读量、点赞量、互动量、转化率等数据了解内容的实际效果和影响，分析内容营销策略中哪些部分值得肯定，又有哪些部分需要改进，据此进行策略的优化。

干洗剂逆袭：品牌营销实战剖析

▶ ①白小朵：干洗剂市场的新星

2023 年 10 月，白小朵品牌开始发布与干洗剂和还原剂有关的笔记，发布数量总计 1600 余篇。这些笔记采用了产品使用推荐和排行榜的形式，主要目的是进行商业推广。全部笔记中超过 56% 是产品种草笔记，这类笔记在用户中的受欢迎程度很高。

白小朵发布的笔记关注羽绒服脏污和毛衣缩水问题，用简明的方式向用户展示如何使用产品以及产品的实际效果。这样的内容能够击中用户痛点，解决用户在日常生活中遇到的实际问题，具备较强的实用性，同时内容理解难度较小，便于用户接受。

准确找到用户痛点，产出高质量内容，用简单易理解的方式进行产品的展示，是白小朵品牌案例带给其他品牌的启发。

▶ ② MISSCELL：干洗剂市场的黑马

2023 年 10 月，MISSCELL 品牌开始发布与干洗剂有关的笔记，发布数量总计近 400 篇。这些笔记中大约有 70% 为产品使用推荐，此外还有排行榜笔记。MISSCELL 做到了准确把握用户需求和搜索习惯，其发布的笔记内容对于用户来说有着较高的参考价值，较好地实现了用户转化。几条爆款笔记在三个月的时间内为 MISSCELL 带来了近 2 万的搜索人数，搜索销售额近 18 万。

MISSCELL 案例展示了精准分析用户需求的重要性，以及爆款笔记对产品销售的巨大推动作用。

▶ ③ DABBS：干洗剂和还原剂的市场挑战者

2023 年 11 月，DABBS 开始发布与干洗剂和还原剂有关的笔记，发布数量总计不足 100 篇。针对用户的痛点，这些笔记提供产品的解决方案，另外有的笔记会为用户推荐国货。DABBS 从细分市场入手，围绕冲锋衣这一品类开展内容创作，最终取得了可观的市场份额。至 2023 年底，直接搜索为 DABBS 带来了超过 17 万的交易额，占 90 余万相关产品销售额的近 20%。

精确把握用户痛点，发挥细分领域的带动作用，是 DABBS 案例带给其他品牌的启发。

▶ ④ CUCM：羽绒服清洗剂的市场领航者

2023 年 9 月，CUCM 开始发布关于羽绒服清洗剂和还原剂的笔记，发布数量总计达 600 余篇。这些笔记采用了产品使用推荐、排行榜等多种形式，对产品进行商业推广。CUCM 所发布的笔记在封面设计上富有创意，同时内容具备较强的实用性，能够准确找到用户痛点，因此平台上有大量用户关注了 CUCM 发布的内容，并购买了该品牌的产品。至 2023 年底，直接搜索为 CUCM 带来了超50 万的交易额，占到 150 万相关产品销售额的 35%。

CUCM 品牌在小红书营销上取得了较大的成功，这样的成绩要归功于品牌对市场做出的精确定位，以及高效的内容营销策略。其他品牌可以从 CUCM 的案例中得到许多启发，比如深入了解用户痛点和搜索习惯，笔记封面设计的独特创意，内容的实用性等。

第 4 章

达人推广：

品牌曝光与转化的加速器

4.1 KOL 的助力

达人类型谱：小红书 KOL 特征全知晓

小红书 KOL 的粉丝规模较大，其原创内容往往能引起大范围的讨论，具有一定的带动作用，同时也是普通用户的重要信息来源。这些 KOL 往往在某些特定领域能力出色，对于突发事件的反应迅速，或对于公共问题的看法比较深刻，得以在平台上积累较多的粉丝。因此，KOL 营销就具有了一定的价值。KOL 营销指的是品牌选择平台上的关键意见引领者进行合作，通过博主、明星等的社交账号将品牌的营销内容推介给普通用户。KOL 营销的前提是这些意见引领者的账号风格、粉丝特征符合品牌特色，且 KOL 本身拥有足够强大的号召力，能够支持品牌形象的推广，增加品牌收益。

以小红书为例，平台上的关键意见引领者主要分为明星级 KOL、垂直类 KOL 和泛娱乐类 KOL 三种。

▶ ①明星级 KOL

明星级 KOL 拥有较多的粉丝，在平台上拥有举足轻重的影响力，对于其意见，粉丝往往会仔细考虑，甚至欣然采纳，因此适合作为品牌的合作对象。而推荐品牌的产品也是这类 KOL 的日常，通过与明星级 KOL 合作使品牌的营销内容在其粉丝群体内传播，能够有效提高品牌的知名度。

明星级 KOL 通常具有以下几个特征，如表 4-1 所示。

表 4-1 明星级 KOL 的主要特征

主要特征	特征说明
网络形象鲜明	明星级 KOL 往往具有独特的互联网形象，其个性受粉丝群体的高度认可，因此其行为（如购买某品牌的产品）也可能被粉丝模仿
账号流量大	明星级 KOL 的原创内容往往拥有更大的流量，即使是非粉丝群体，也可能被推荐，营销内容能够实现更广泛的传播

续表

主要特征	特征说明
热点匹配度高	为了获得足够的流量，明星级 KOL 的内容创作往往会以当下的热点为题材，发表自己的观点，借助热点话题推荐品牌的产品，可以达到事半功倍的效果

▶ ②垂直类 KOL

与明星级 KOL 不同，垂直类 KOL 粉丝规模相对较小，但在自己领域内的专业程度较高，在某一话题领域内具有一定的权威性。因此品牌可以寻找了解某种产品或服务的垂直类 KOL 进行合作，KOL 通过账号发表原创内容展示产品的功效，形式依旧是经验分享、决策参考，为用户提供服务，同时塑造品牌口碑。

垂直类 KOL 通常具有以下几个特征，如表 4-2 所示。

表 4-2　垂直类 KOL 的主要特征

主要特征	特征说明
形象标签化	垂直类 KOL 的原创内容都以某一领域为主，其在用户群体中的形象也离不开这一主题，因此往往被赋予美妆博主、旅游博主等标签
互动常态化	由于垂直类 KOL 专业性较强，有时会针对其专业领域回答粉丝的疑问。这种互动是 KOL 账号热度的重要来源，也能够在合作营销中放大产品的细节
知识专业化	当垂直类 KOL 在专业领域获取新的经验时，可能会选择制作成原创内容分享至平台账号上
体验真实化	产品测评也是垂直类 KOL 的重要作品类型之一。为了维护自身的权威性，KOL 会保证测评内容的客观，因此推广内容也会更加令人信服

▶ ③泛娱乐类 KOL

与垂直类 KOL 类似，泛娱乐类 KOL 在泛娱乐领域的专业程度较高，其作品内容涉及各个娱乐领域，在该类型用户群体中的影响力较大。与品牌进行合作也是这类 KOL 的日常，通过合作将品牌介绍给关注泛娱乐内容的用户群体，能够快速提高品牌的知名度。

泛娱乐类 KOL 主要具有以下几个特征，如表 4-3 所示。

表 4-3 泛娱乐类 KOL 的主要特征

主要特征	特征说明
内容多样	泛娱乐类 KOL 的内容创作涉及各个娱乐领域，其作品的涉及面广、跳跃性强，粉丝群体也比较丰富
互动频繁	为了保持粉丝活跃度，泛娱乐类 KOL 会频繁地与粉丝互动，尽可能让用户参与到内容创作中，与品牌合作时，也能给潜在受众提供接近感
贴近热点	时事热点是这类 KOL 的粉丝群体高度关注的话题之一，KOL 在账号上发表有关热点事件的看法，也是重要的创作主题

合作实战录：KOL 推广步骤详解

随着社交平台影响力的扩大，KOL 推广越来越受到品牌方的重视。KOL 在社交账号上发表与品牌相关的内容，不仅能为粉丝提供有价值的信息，还会使得品牌的知名度有所提高。小红书是一个侧重于生活经验分享的平台，因此美妆、穿搭、影视、家居等领域的品牌都开始将小红书作为一条重要的推广渠道。

在小红书上，不同 KOL 账号的侧重点不同，有的 KOL 侧重创作而有的 KOL 侧重直播，但本质都是与粉丝进行互动，为其提供消费决策支持。品牌在寻找 KOL 时，考量的方面包括粉丝的数量与特征、作品的质量与特色、号召力等。品牌会选择各方面都契合营销内容的 KOL 进行合作，以最大限度地提高知名度。

▶ ①与小红书 KOL 合作的优势

对于品牌企业来说，与小红书 KOL 合作具有以下几个方面的优势，如图 4-1 所示。

a. 品牌形象的塑造。KOL 的粉丝群体是品牌的重要受众来源，通过开展合作，品牌在 KOL 粉丝中的讨论度将会上升，品牌形象也将会在合作过程中构建起来。对于小红书来说，大部分用户都有着消费需求，在用户视角，KOL 的推荐可看作一种参考信息，更直接地导向购买行为。

b. 用户参与和反馈。用户因内容推广购买并使用产品后，其对产品的态度和评价也会反映到平台上。与 KOL 进行合作的过程不仅是品牌推广的过程，还是寻求用户反馈、直接与用户互动，提高用户黏性的过程。品牌参照用户反馈改进产品，用户传达了自身的需求，实现品牌与用户的互惠互利。

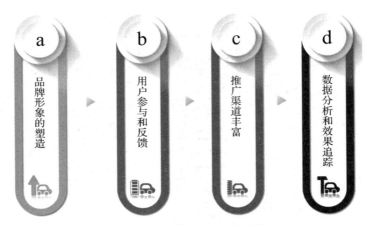

图 4-1　与小红书 KOL 合作的优势

c. 推广渠道丰富。在 KOL 推广的同时，品牌还可以通过与其他品牌进行合作或举办优惠活动等方式进行产品推广。小红书的各种推广方式各有优点，如 KOL 推广能够最大限度地增进用户对品牌的了解。

d. 数据分析和效果追踪。小红书平台具有独特的技术优势，能够对推广过程中的用户数据进行分析，持续追踪推广效果。通过分析这些统计数据，品牌可以明确推广的优势与不足，并改善推广策略。此外，根据平台的数据总结，品牌不仅能够了解 KOL 推广的效果，还能大致估算 KOL 的号召力在推广中的贡献。

▶ ②品牌与 KOL 的合作流程

具体来说，品牌与 KOL 的合作流程主要包括以下几个步骤，如图 4-2 所示。

确定合适的KOL合作伙伴

设计创意内容和互动方式

制定合适的激励机制

数据分析和效果评估

图 4-2　品牌与 KOL 的合作流程

a. 确定合适的 KOL 合作伙伴。品牌首先需要寻找最适合自身的 KOL，除了 KOL 账号的内容符合品牌的内容与特性以外，KOL 本人也需要对产品有一定的了解。不同 KOL 面向的专业领域不同，粉丝构成也会有所不同，因此只有完全契合产品的 KOL 才能带来最佳的营销效果。

b. 设计创意内容和互动方式。成功的营销不能只依靠 KOL 个人的号召力，还需要新颖的创意和密切的互动。一方面，仅凭 KOL 个人的影响力，而忽略营销的形式，会导致推广内容过于空洞，无法扩大到整个粉丝群体；另一方面，在粉丝群体之外，缺乏创意的营销内容会使平台的普通用户对品牌望而却步，影响品牌寻找潜在受众。

c. 制定合适的激励机制。在合作过程中，品牌需要为 KOL 制定专门的奖励机制，如依据推广作品的数据、购买链接的点击量等向 KOL 发放奖励。由于存在奖励机制，KOL 对推广的积极程度也会上升。

d. 数据分析和效果评估。品牌与固定 KOL 的每一次合作推广，都需要有专人收集平台数据，统计并进行分析，得到投资回报率等，用于改善营销策略。

小红书的 KOL 推广为品牌提供了崭新的合作渠道。相比其他推广方式，KOL 推广能够更深入地了解、接近受众群体，对于品牌口碑的改善作用更加明显。根据平台数据，用户在 KOL 推广中的参与程度更高，品牌也能够将更多的受众转化为业绩。时至今日，KOL 推广销售已经成为一种商业形态，既为 KOL 提供了流量，又为品牌制造了收益，创造双赢的局面。

达人评估表：KOL 商业价值考量

品牌可以借助蒲公英，找到需要的 KOL 进行商业合作。在具体使用过程中，可以根据粉丝数量、所在地区、专业领域等筛选条件，检索符合条件的 KOL。平台记录的 KOL 信息十分详细，品牌可以参考账号活跃度、粉丝互动率、种草指数等平台数据，判断与该 KOL 进行合作后产生的流量能否达到预期，能否实现良好的营销效果。

▶ ①小红书 KOL 筛选标准

品牌筛选小红书 KOL 的标准主要包括以下几个方面，如图 4-3 所示。

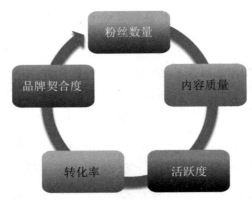

图 4-3 小红书 KOL 筛选标准

a. 粉丝数量，直接显示了 KOL 的社交影响力。对于品牌方来说，选择与粉丝量超过十万的 KOL 展开合作时，产生的直接收益一般会高于成本。不同 KOL 的粉丝质量都不同，粉丝活跃度相对较高的 KOL 是品牌方的理想目标。

b. 内容质量，可以用来评估 KOL 的商业价值。在内容营销中，优质的原创内容能够吸引更多流量，通常会为品牌方提供更多收益，因此商业价值较高。除了直接判断作品内容的质量外，还应关注 KOL 在账号特色、作品创意以及原创含量等方面的表现。

c. 活跃度，体现在账号发布作品的频率以及互动量上。活跃度越高的 KOL，其与粉丝互动的积极性就越高，这不仅能带来更高的粉丝黏性，还意味着 KOL 能够在营销过程中频繁地与粉丝交流，进而实现更好的营销效果。

d. 转化率，指的是购买产品的粉丝占整个粉丝群体的比例。转化率直接体现了 KOL 的商业价值，其不仅受推广内容质量、账号与产品的匹配程度影响，还与 KOL 本人在粉丝中的号召力有关。

e. 品牌契合度，指的是账号风格与产品定位的匹配程度。KOL 与用户之间存在双向选择的关系，KOL 账号的风格一定程度上决定了粉丝群体的特点。KOL 与品牌的契合度越高，代表其粉丝群体对于品牌的接受度越高，预期收益率也就越高。

▶ ②分析 KOL 的内容质量和口碑

考虑到品牌方的需求，蒲公英配置了功能全面的数字工具，能够分析 KOL 作品的内容质量，收集粉丝对于 KOL 的整体评价，具体的分析方法如图 4-4 所示。

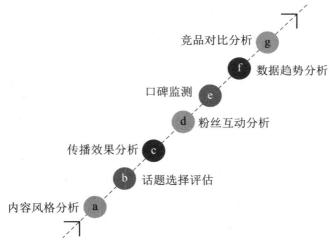

图 4-4　KOL 内容质量和口碑分析

a. 内容风格分析。蒲公英能够向品牌方提供 KOL 过往的笔记，品牌方据此了解 KOL 作品的风格和质量。可展示的内容包括图文、视频等，根据这些作品，品牌可以对 KOL 的风格进行界定，评价其与品牌的契合度。

b. 话题选择评估。在内容创作过程中，KOL 选择的作品标签也会被平台记录下来，品牌可以由此判断 KOL 所涉及的领域、其个人互联网形象等是否符合品牌的核心理念。

c. 传播效果分析。平台能够向品牌方展示 KOL 作品的点击量、点赞量、转发量等数据，品牌方由此判断 KOL 账号的传播效果，这是评价作品质量的一个重要指标。

d. 粉丝互动分析。蒲公英还可以向品牌方提供 KOL 的互动情况，除了互动频率等基本数据以外，品牌方还能够查看评论、私信中的具体互动内容。通过粉丝的创作参与度与 KOL 的互动积极度，品牌方能够预估 KOL 在合作推广中的表现。

e. 口碑监测。平台向品牌方展示 KOL 评论区的状况，通过统计评论中粉丝的整体情感态度，品牌方能够初步了解 KOL 的互联网形象。

f. 数据趋势分析。平台向品牌方提供 KOL 作品的数据变动情况，品牌方可以据此预测一段时间内 KOL 的粉丝变化趋势，评估未来合作的收益。

g. 竞品对比分析。平台为品牌方提供 KOL 对比服务，品牌方能够将目标

KOL 的多维数据与其他 KOL 的数据进行对比，对照评估 KOL 的商业价值。

▶ ③深入了解 KOL 的商业合作案例

除了 KOL 的账号数据以外，品牌方还需要详细分析该 KOL 过往的合作案例，总结其已经合作的品牌类型、合作方式以及营销成果。通过案例分析，品牌方能够对 KOL 的商业价值有进一步的了解，还可以预测 KOL 在合作中的倾向，尽可能避免合作事故的发生。

▶ ④制定合理的合作策略

当确定 KOL 人选之后，品牌方需要着手制定推广策略，包括推广作品的内容、作品的形式与推广时间等。除作品相关以外，推广活动还需要充分围绕 KOL 的形象与品牌特色展开，同时满足合作双方的需求。在后续推广中，合作策略还需要根据实际情况随时更新。

▶ ⑤维护与 KOL 的良好关系

为了后续合作的良好展开，品牌方需要注意维护与 KOL 个人的关系。品牌可以通过向 KOL 赠送礼物、告知 KOL 品牌动向、反馈合作效果、邀请 KOL 参与线下活动等方式加强同 KOL 的联系。

4.2 KOC 推广：提升营销 ROI 的关键策略

KOC 群体的主要特征

KOC（关键意见消费者）在小红书用户群分类中也属于消费者，不过相较于一般消费者，他们能够更好地从产品出发进行一定的内容输出，从而在用户群之间形成羊群效应，实现另一种意义上的"带货"。

KOC 营销，就是以 KOC 作为营销主体，通过在小红书平台发布使用心得、买家秀、产品测评等内容进行产品种草，使目标人群在浏览后产生自发购买行为的一种传播方式。

总体来说，KOC 群体具有以下几个方面的特征，如图 4-5 所示。

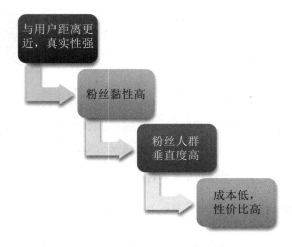

图 4-5 KOC 群体的主要特征

▶ ①与用户距离更近，真实性强

KOC 的本质仍然是消费者，其对产品的评价往往更容易令人信服，更能引起消费者的共鸣，从而实现高效种草。KOC 推广方式相对来说更加贴近用户生活，且方式灵活，能够有效地通过互动提升转化率，且其低成本的特点能够大幅提升营销的投入产出比。KOC 分享的内容，也更容易占领用户心智，提升目标人群对品牌的认知度。

▶ ②粉丝黏性高

KOC 往往从实际生活出发进行内容创作，因而其发布的内容更容易吸引用户关注。KOC 与粉丝之间的互动能够充分发挥出小红书的社交平台优势，建立起良好的种草关系，在保证用户活跃度的同时还能够进行深层用户的培养。KOC 往往与粉丝互动的活跃度更高，能够和粉丝建立起和谐、亲密的联系，获得粉丝的信任，转化效率也会更高。

▶ ③粉丝人群垂直度高

相较于 KOL，KOC 在粉丝数量上并不占据优势，但是其粉丝垂直度高，一个 KOC 周围往往聚集着领域内的核心用户。

以乐器演奏博主为例，KOL 博主的粉丝群中很大一部分是被博士所发布的内容所吸引，真正有乐器学习需求的粉丝占比并不高；而 KOC 身边却聚集了更多的乐器爱好者、音乐"发烧友"，其关注点更多是对于乐器本身、演奏本身的探讨，而这些"发烧友"可能自己也是 KOC，从而形成相关领域的高需求人群网络，进一步提升了传播的精准性。

▶ ④成本低，性价比高

小红书上 KOL 的报价往往长期处于较高水平，有时甚至会超出品牌营销预算，而 KOC 的合作成本则相对较低，甚至一些 KOC 的推广和种草完全是一种在爱好影响下的自发行为，并不以获利为目的。同时 KOC 数量大、覆盖率高，能够通过铺量推广实现良好的转化效果，是一种低成本、高效率的营销方式。

KOC 铺量营销的价值

小红书 KOC 铺量，即以 KOC 账号特点为核心，针对性制定出的推广策略。消费者立场是 KOC 在进行内容输出时的核心特点之一，其往往对自己作为消费者在使用产品时所产生的感受进行表达，这使其所输出的内容具有更强的感染力与说服力，更能引起消费者的共鸣。

相较于 KOL 的大规模粉丝群而言，KOC 的粉丝更多的是依托小红书社交属性所形成的小范围关系网，粉丝体量较小、推广成本更低，因此在较大范围内进行铺量式传播是更具性价比的选择。具体来说，KOC 铺量营销的价值主要体现在以下几个方面，如图 4-6 所示。

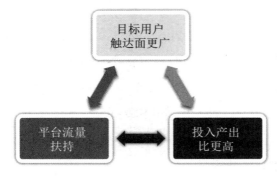

图 4-6　KOC 铺量营销的价值

▶ ①目标用户触达面更广

虽然单一 KOC 账号的影响力有限，但是通过铺量推广，能够借助多个 KOC 账号的布局形成营销矩阵，弥补单一账号粉丝不足的情况，实现营销的高覆盖率。在保证用户活跃度的前提下，这种推广方式反而能够形成良好的扩散效应，更高效地将信息传递给更多的目标用户。

▶ ②投入产出比更高

由于 KOC 账号与粉丝之间的互动性强，且其内容秉持着消费者立场，对于产品认知经验、购物体验的分享往往能收获目标用户的喜爱，愿意接受其种草。此外，由于铺量推广是在锚定核心用户群的基础上进行的，因此对人群的触达更精准、转化率更高，又因为其投放成本较低，具有良好的性价比。

▶ ③平台流量扶持

为确保流量分配均衡，小红书采用去中心化的流量分配机制，对含有同一关键词的大量低量级账号进行索引和推荐，提高其曝光度。这就使得品牌能够借助平台的流量扶持政策获得更多曝光机会，提升营销效果。

KOC 铺量的核心是通过 KOC 账号数量优势弥补单一 KOC 账号粉丝量的不足，通过 KOC 账号矩阵对某一产品进行针对性传播，利用高用户覆盖率提升产品的曝光度，拓宽传播广度。"量"是该种传播方式的核心。

筛选 KOC 的关键因素

品牌应在清晰认识自身产品特点、品牌调性和受众偏好的基础上，在小红书上筛选人设鲜明、内容独特、活跃度高的 KOC，并与之展开合作。此外，品牌应选择与其定位一致，且人设能够对品牌价值观和形象进行充分展示的 KOC 进行合作。实现 KOC 受众群体与品牌目标用户群的合流，更好地培育深层用户，提升品牌的吸引力。

品牌在筛选 KOC 时，需重点关注以下几个关键因素，如图 4-7 所示。

图 4-7 筛选 KOC 的关键因素

▶ ①人设鲜明，真实性强

相较于在进行 KOL 筛选时将数据作为核心关注要素，在进行 KOC 筛选时，更应该将"人"放在首要考虑位置，以人设鲜明、内容辨识度高、真实性强作为 KOC 筛选的首要标准，从而通过长期的内容输出使品牌占领用户心智，实现长尾营销。

在小红书上进行 KOC 选择时应确保粉丝、互动和内容的真实性，如表 4-4 所示。

表 4-4 确保 KOC 真实性的三个维度

维度	要求
粉丝真实性	即粉丝均为具有一定活跃度的用户，不存在僵尸号或水军刷数据的情况
互动真实性	即达人在发布内容后，能够与粉丝保持较强的互动活跃度，及时给予粉丝积极的反馈，提升粉丝浏览内容的愉悦度
内容真实性	即达人创作的内容应力求真实、贴近生活，用真正有趣味、有价值的内容去感染消费者，获得他们的共鸣

▶ ②计算 CPM 和 CPE 看性价比

CPM（Cost Per Mile，千人成本）与 CPE（Cost Per Engagement，单次参与成本）都是衡量营销投入产出比的工具，不同的是 CPM 的成本计量单位为"每1000 次"，而 CPE 的互动成本则为"每次"。相对来说，CPM 的衡量尺度更大，更适用于总体上对 KOC 的性价比进行评估；CPE 的衡量尺度较小，能够更为精准地对 KOC 的性价比进行衡量。在小红书平台去中心化机制的作用下，KOC 往往能够获得更高的额外流量。

▶ ③内容垂直度

一般来说，KOC 发布内容的垂直度直接牵引着粉丝的兴趣，其内容表达越精准，粉丝的黏性就越高，转化率也就越高。

▶ ④品牌匹配度

不管是 KOL 还是 KOC，保证其风格与品牌调性相契合都是进行筛选的关键。为了实现精准营销，需要结合品牌自身的风格定位和营销需求寻找符合条件的博主，在筛选过程中，需要对博主所发布的历史内容有所了解，同时保证其粉丝画像与品牌目标用户画像有一定的重合度，以保证推广效率。

在确定投放对象、选出与品牌调性相匹配的 KOC 合作伙伴之后，品牌应进一步加强与 KOC 的交流，共同制定出具有高价值、高趣味性、强吸引力的创意内容，提升营销的市场覆盖率和内容触达的精准性。同时双方还应在投放费用、投放周期、利润分配等方面达成共识，在品牌信息传递、创意内容创作和用户互动原则的指导下实现合作效益的最大化。

KOC 营销的 4 个维度

为达到良好的转化效果，KOC 营销策略的制定应聚焦以下 4 个维度。

▶ ① KOC 选择

品牌在进行小红书的 KOC 投放时，首先需要对目标受众进行画像，明确其消费格调、核心需求与行为习惯，同时确定好合作所要最终实现的营销目标。这有助于实现品牌需求与 KOC 合作伙伴之间的精准对接，提升品牌内容传播的有效性。

KOC 的选择可以通过多种方式，一是借助专业的媒介机构实现与符合需求的 KOC 的高效对接，二是通过 KOC 排名与影响力等指标进行筛选，三是通过发布相关内容吸引符合条件的 KOC 前来。

▶ ② KOC 投放费用

小红书的 KOC 主要由 KOC 的种草能力、粉丝规模和品牌的预期目标决定。一般情况下，KOC 的种草能力越强、粉丝规模越大、品牌的预期目标越高，则其合作报价也就越高。品牌在与 KOC 进行合作时应就有关方面进行深入交谈，平衡好双方的需求，对双方资源进行整合，最终确定投放费用。

▶ ③内容规划

a. 品牌信息传递。在综合考虑各项因素的基础上与 KOC 合作伙伴共同对合作内容进行规划，确定想要传递的价值理念和想要打造的品牌形象，给用户留下深刻印象，提升用户对品牌的关注度。

b. 提高内容的创意性与趣味性。与 KOC 共同进行内容的策划，结合热点趋势对内容进行创新，通过思维发散挖掘新的角度，提升内容的表达层次，并通过多种形式对内容进行呈现，如进行产品测评、使用指南分享、购物清单分享等。

c.用户互动和参与。在 KOC 和用户之间建立良好的互动关系，对用户的评论、提问等自发互动行为予以积极的反馈，并通过发起话题、开展抽奖活动等方式提升用户的互动活跃度，增强内容的可分享性。

品牌应以推广目标为导向、结合品牌调性与目标人群特征选择与品牌契合度高的 KOC 合作伙伴，并共同进行创意内容的制定，以扩大营销的市场覆盖率和市场转化率。同时双方在合作过程中也应注意品牌形象的打造，与用户形成良好的互动关系，积累长期口碑，用好投放预算，从而实现 KOC 合作效果的最大化。

▶ ④投放计划

品牌依据想要达到的营销结果制订出可操作性强、性价比高的投放计划，计划中应包含投放对象、传播周期、预算安排以及内容设定，如表 4-5 所示。

表 4-5　品牌投放计划

投放计划	具体内容
投放对象	投放对象即产品的目标客户，一般要求目标受众画像与达人的粉丝画像具有较高的重合度，以保证内容高效、精准地触达至高消费潜力人群处
传播周期	在通过 KOC 进行种草时，内容的发布时间要与产品的营销节点相配合，以便实现销售转化的最大化
预算安排	在计划制订前分别对营销的成本与利润进行计算，采取最优方案，用最小的成本实现最大的利润
内容设定	在与 KOC 进行交流时要为其提供清楚明白的介绍材料，将品牌核心的理念成功植入到内容中，实现精准传达，同时提升输出内容的质量

KOC 营销具有成本低、效果好、覆盖度高的特点，对于处于市场化初级阶段的品牌来说是一种性价比较高的推广方式。而对于已经完成市场推广，具备了一定用户积累和品牌口碑的成熟期品牌来说，在营销时将 KOC 投放与 KOL 投放相结合将会获得更好的效果。

新产品 KOC 推广策略

品牌在进行新产品 KOC 的铺量时，可以采取以下四个推广策略，如图 4-8 所示。

图 4-8 新产品 KOC 推广策略

▶ ①聚焦产品卖点

KOC 传播的核心目的是用最快的时间实现产品的高曝光，让产品尽可能地占领用户心智。因此在传播内容的制定方面要充分考虑能否快速地吸引用户注意力，给用户留下鲜明而深刻的印象。新品上市往往是一个让用户了解产品"是什么"的过程，因此需要品牌对产品的核心卖点进行提炼，用简洁直观的话语、具有表现力的画面等进行呈现，让用户迅速"记住"产品。

品牌可以采取"产品试用"的方式，让 KOC 在体验产品后在小红书平台上发布与产品相关的内容，如产品使用体验、产品使用建议等。一则让 KOC 能够更好地把握产品特点，二则也能够增加内容的说服力，让用户更加信任产品的功能。

▶ ②确保 KOC 全覆盖

KOC 铺量的重点在于通过足够数量的 KOC 账号达到一定的营销规模。为了保证传播的广度和效果，避免内容的过度同质化，需要尽可能地丰富 KOC 的类型与风格，扩大营销的辐射范围。假设要对某款相机进行推广，就要在摄影类别下选择多种风格的 KOC 进行合作，如摄影教学类、作品展示类、技巧科普类等。丰富投放的维度可以帮助企业更加高效地实现对目标客户群的精准定位。

▶ ③保证内容产出量

在确保成本处于可承担范围以内的情况下，保证宣传推荐工作的反馈效果，同时尽量确保每天的投放篇数在 15 篇以上，以保证能够达到预期宣传效果。处于市场推广阶段的产品，在用户认知度、用户关注度等方面优势较小，通过

KOC 宣传，借助具有亲和力的内容，产品能够迅速获得用户好感。KOC 以真实且具有信服力的经验分享和测评反馈帮助用户获得对产品的直观了解。

品牌在与 KOC 进行合作推广时，可以从"量"上着手，提升投放内容的数量、扩大投放规模。这是由于 KOC 推广的成本较低，品牌可以尽可能与更多的小红书 KOC 进行合作，这种方式能够更好地提升投放内容的覆盖率，提升产品的曝光度。

a. 结合品牌业务范围和产品情况确定账号垂直品类。结合品牌营销需求和产品特点，可以确定 KOC 账号的垂直品类，提升账号推广的专业化程度，在与品牌调性相适应的 KOC 待选账号范围内进一步进行筛选，确定最适合进行本次铺量推广的 KOC 账号。

b. 以话题引领内容创作。确定合适的 KOC 账号后，可以关注平台上的热点话题，建立话题与品牌产品之间的连接，从而为内容的创作提供指导。

c. 小红书上的 KOC 铺量推广应确保内容真实可信，同时在呈现上要注重表达方式的多样化，使内容尽可能地"接地气"，同时在内容中融入一定的场景，才能提升对消费者的感染力。

▶ ④举办线下活动

品牌可以通过邀请 KOC 参加产品发布会、联合 KOC 举办粉丝见面会等线下活动更好地吸引用户的关注，实现 KOC 粉丝与品牌已有用户群的合流，扩大品牌的公共影响力。

提升品牌和产品的曝光度，建立用户与品牌之间的信任关系，实现普通用户向忠实用户的转化，积极与用户进行互动以保证用户的活跃度与忠诚度，形成自己的私域流量。

4.3 电商直播的狂欢

直播的价值：品牌直播优势尽显

电商直播是小红书电商生态的重要组成部分。近年来，直播电商飞速发展，各行各业均认识到了店铺直播对品牌营销的重要性，并陆续在这一方面布局，试图通过店铺直播来提高产品的曝光量和销量，以便获得更多私域流量。

就目前来看，小红书店铺直播的发展十分迅猛。根据小红书618大促招商方案中公布的数据，2024年4月小红书电商开播商家数较2023年4月同比增长5倍，店播购买用户数同比增长12倍，月销过百万的商家数同比增长7.4倍。由此可见，店铺直播能够在一定程度上支撑商家实现在小红书平台的有效营销和经营。

从实际操作上来看，为了实现长期稳健的业务增长，在进行店铺直播之前，品牌方需要先在小红书平台创建高效的店铺直播运营体系，明确店铺直播的核心要素，采取系统化的策略和方法来进一步提高直播间的流量、互动量和转化率。

与传统电商相比，小红书店铺直播能够与小红书笔记紧密联动。商家可以在进行店铺直播的同时发布关于商品的笔记，通过笔记来向用户传达商品信息，利用笔记中的种草内容吸引用户，进而达到引流的效果。

用户点进笔记时，可以通过商家头像上的呼吸灯进入店铺直播间。对商家来说，这种模式既能够大幅提高直播引流效率，也能够利用直播间的流量带动笔记数据增长。

具体来说，小红书店铺直播能为品牌方带来的价值主要体现在以下几个方面，如表4-6所示。

表4-6 小红书店铺直播能为品牌方带来的价值

直播价值	具体内容
高效连接商品与用户	商家可以在直播时向用户直观展示商品特点，介绍商品卖点，传递品牌调性，帮助用户进一步了解商品，提高用户对商品的信任程度，引导消费者决策
实现内容价值变现	商家可以借助高质量的直播内容提高用户关注度和店铺曝光度，扩大生意规模，实现内容价值变现
优化用户消费体验	与图文和短视频相比，以直播的方式展示产品具有立体化、互动性强等优势，支持用户与商家之间实时互动，让用户可以实时提问，商家可以实时解答，从而打消用户顾虑，优化用户的消费体验
建立稳定经营阵地	商家可以将小红书店铺直播打造成一个稳定的经营阵地，并通过直播向用户传递高质量的内容，根据自身特色建立相应的IP，提高品牌的认知度和美誉度

总而言之，品牌在进行电商直播时需要先掌握其内在逻辑和运作方式，深挖店铺直播价值，并在此基础上从内容、互动、转化等多个方面入手，制定行之有效的直播策略，提高运营的精细化程度，挖掘店铺直播在营销方面的潜力，进而

达到稳步提高业绩的目的。

流量提升计：快速引流直播间妙法

直播流量在小红书店铺直播中发挥着决定性作用，能够直接影响直播的效果。一般来说，当直播流量较大时，直播间中潜在消费者较多，品牌方可以让更多用户了解到自身品牌和产品；当直播间流量较小时，观看直播的用户较少，直播间的互动和转化也相对较少。为了提高小红书直播间流量，品牌方可以采取以下两个策略。

▶ ①利用呼吸灯

品牌方可以充分利用小红书平台推出的直播呼吸灯功能（如图4-9所示），在直播的同时打开呼吸灯向用户发出提示，让用户可以通过点击呼吸灯头像的方式直接进入直播间，从而提高直播间流量。

图4-9　直播呼吸灯功能

高质量的笔记内容既能吸引更多用户关注，也能提高品牌主页在信息流中的曝光率。品牌方需要创作大量高质量笔记，以便吸引用户点进笔记页面和品牌主页浏览相关信息，让用户可以通过直播呼吸灯进入直播间。

一般来说，用户看到呼吸灯的概率与品牌主页曝光度之间存在正比关系，当品牌主页曝光度升高时，用户看到呼吸灯的概率也会随之增加。不仅如此，品牌方还可以将具有吸引力的文案和话题添加到笔记当中，吸引更多用户进入直播间，最大限度地提升呼吸灯转化效果。

▶ ②优化直播卡

直播卡就是位于信息流中，用于展示直播间预告和直播相关情况的信息卡，通常由直播封面、直播标题、直播时间等各项相关信息构成，能够吸引用户点进直播间。直播信息卡功能如图4-10所示。

图4-10　直播信息卡功能

直播卡的设计和内容能够在一定程度上影响直播间流量，因此品牌方需要对自身直播间的直播卡进行优化。在视觉方面，设计吸引力较强的封面图，并在直播卡中重点展示商品特点和优惠信息，提高对用户的吸引力，同时也要降低直播标题的复杂度，确保直播标题主题清晰、卖点明确。

除此之外，为了提升直播间流量，品牌还需在开始直播前通过预告笔记来进行预热，并扩大直播预热范围；在开始直播时充分发挥直播切片和互动话题的作用，提升直播卡的信息流权重，增加直播间曝光。

有效的用户引流是提升转化率的基础，品牌方需要从笔记内容、直播预热和视觉设计等多个方面入手，对店铺直播相关内容进行持续优化和迭代，吸引更多信息流中的用户进入直播间，并加强与用户之间的交流互动。

留存互动术：增强观众黏性的高招

为了提高用户留存率，品牌方需要优化直播效果。从实际操作上来看，在直播过程中，品牌方可以通过以下两种方式来加强与用户之间的互动，提高用户的参与度。

▶ ①设计吸引人的直播内容

品牌方应设置具有吸引力的直播主题，打造优质脚本，设计有趣的互动环节，利用高质量的直播内容来吸引用户停留，增强与用户之间的互动，提高整个直播间的黏性。

一方面，品牌方应了解用户的需求和兴趣，并据此确定直播主题，同时也要根据实际情况，选择以新品发布、爆款推荐、使用教程或品牌故事等内容为中心展开主题设计工作，提高直播内容的趣味性和实用性，增强直播间对用户的吸引力；另一方面，品牌方应确保直播节奏和内容形式的合理性，并在直播过程中安排主播讲解、产品展示和互动问答等环节，提高直播内容的丰富性。

互动环节是店铺直播的重要组成部分，品牌方应合理设置互动环节，并通过互动来提高用户参与直播的积极性，让用户在直播间停留更多时间。具体来说，品牌方可以通过抽奖、发放福利、有奖问答等方式激励用户在直播间发布互动信息，也可以邀请用户在直播间分享产品使用感受和产品反馈。

▶ ②利用社交功能

为了提升直播间互动，品牌方还应充分发挥小红书平台的社交属性，在整个直播过程中加强品牌与用户之间的联系。

品牌方可以在开始直播前先在小红书平台中建立包含众多潜在用户的群组，并在该群组中预告直播时间和直播内容，引导用户设置直播提醒，以便用户及时获取开播信息。在开始直播时也可以在该群组中同步公开直播内容和福利信息，以便吸引更多潜在用户进入直播间，实现有效引流。

除此之外，品牌方还可以在该群组中发布产品咨询、使用心得和专属福利等信息，借此提高用户的活跃性和忠诚度，让用户可以更积极地参与直播互动、笔记分享和拉新，实现有效的用户运营和社交传播，从而吸引更多用户进入直播间。

与此同时，品牌方还可以与 KOL 和 KOC 建立合作关系，充分发挥 KOL 和 KOC 的粉丝影响力，借助二者及其粉丝群体的宣传来获取更多初始流量，并利用社交网络进一步扩大直播内容的传播范围，增强直播的影响力。

总而言之，内容和社交是影响品牌直播互动情况的关键，品牌方需要利用优质的直播内容来吸引和留住用户，利用小红书平台的社交属性来获取更多用户，借助社区和 KOL 的影响力来扩大营销范围，在直播间内外同时与用户进行互动，以便大幅提高用户参与度，提升直播间转化率。

转化变现策：促进店铺销售秘籍

销售转化是品牌方的营销目的，为了达成这一目的，品牌方需要通过提升流量和加强互动来促进销售转化，提高产品销量。在实际操作过程中，品牌方可以采取以下几种策略来提升小红书店铺直播转化率，如图 4-11 所示。

图 4-11 提升小红书店铺直播转化率的策略

▶ ①直播间促销策略

品牌方可以通过在直播间设置吸引力较大的促销活动的方式来吸引用户，刺激用户消费，进而达到提高直播间转化率的效果。

品牌方需要充分掌握各类产品的特点和受众群体等信息，并在此基础上展开促销方案设计工作，以便将用户的购买欲提升至最高水平。一般来说，折扣、优惠券、限时抢购等都是店铺直播中常用的促销方式。品牌方既可以通过在直播间上架限时特价商品或设置直播专属优惠券的方式来刺激用户消费，也可以通过设置满减和买赠等门槛型促销方式来提高产品销量。

除此之外，品牌方还需在直播过程中以口播、文字、推荐栏等形式向用户传播各项促销信息，如活动内容、参与方式、优惠券使用方法等，帮助用户了解促销活动，指导用户购买，降低购买障碍，并突出表现促销产品的稀缺性和消费的紧迫性，以便获得更好的促销转化效果。

▶ ②数据分析与优化

为了实现对店铺直播转化效果的持续优化，品牌方需要广泛采集和深入分析各项直播数据，充分把握用户行为特征，并据此对直播策略进行调整和优化，提高直播策略在用户转化方面的有效性。

小红书直播间包含观看人数、互动数、商品点击数、商品销量和转化率等多项数据指标。在数据分析方面，品牌方需要建立系统化的数据追踪和分析机制，并借助该机制对直播的各项关键数据指标进行监测、分析和对比，明确直播时段、商品类型、主播风格和互动方式等因素对转化率的影响，以便进一步找出影响转化的关键因素并进行优化调整。

具体来说，若品牌方在数据分析时发现某一时段的转化率明显低于其他时段，那么则证明目标用户群体在这一时段的活跃度可能相对较低，为了提高转化率，品牌方需要调整直播时间；若品牌方在数据分析时发现某一产品的点击量较高，转化率较低，那么则说明消费者对该商品的需求较大，但该商品在价格、促销力度、购买流程等方面尚未达到消费者的心理预期，品牌方还需对这些内容进行优化调整。

对品牌方来说，可以提高各部门之间的协同性，实现直播全过程的数据洞察，并在此基础上进行长期的数据分析和策略优化，降低用户购买的复杂度，优化用户的直播购物体验，从而达到提高转化率的目的。

▶ ③商业流量加持店铺直播

整个店铺直播过程可分为直播前、直播中和直播后三部分，每个部分的实操技巧如表 4-7 所示。

表 4-7 小红书店铺直播实操技巧

直播过程	实操技巧
直播前	品牌方需要制定直播日历，并以选品、筹备和预告三项内容为中心进行直播准备
直播中	品牌方需要对直播布局进行优化调整，并以直播、流量和转化三项内容为中心进一步提高流量转化率
直播后	品牌方需要以触达、转化和预告三项内容为中心推进二次触达，提高触达的可持续性，以便获得长期效果

与此同时，品牌方也可以借助商业流量来为直播间引流，让店铺直播能够为自身带来更好的销售效果。

就目前来看，小红书平台已具备直播推广功能，能够为直播间提供商业流量，帮助品牌对直播进行预热，提升直播间观看人数，进而让品牌可以获得更高的商品交易总额（Gross Merchandise Volume，GMV）。不仅如此，品牌方还可以充分利用直播间的转化漏斗，根据各个阶段的实际情况进行优化策略设计，按部就班地提升直播预热量、观看人数、有效观看数、ROI 等。

总而言之，高质量的直播间是品牌实现有效店铺直播的基本保障，合理的商业投放能够为品牌的店铺直播提供助力。为了持续提高店铺的直播销量和影响力，品牌方需要充分把握整个直播过程的流量投放节奏，加强对各类推广活动的统筹规划，扩大推广范围，提高营销的有效性。

第 5 章

种草攻略：

H2H 营销新征程

5.1 H2H 时代的种草新风尚

用户新需求：消费变革深度洞察

互联网的发展经历了不同的阶段。在门户时代，互联网主要采取"单向传播"的形式，网站的编辑人员进行内容的筛选与发布，用户只是被动地接受内容。进入搜索和社交互动阶段后，用户可以主动地进行搜索，查找自己需要和感兴趣的内容，同时内容也能精确地投放给用户，在这一阶段，内容和用户之间形成了交互关系。

而后，越来越多的社交媒体开始涌现，它们与大众的生活距离更近，个性化程度也更高。人们开始在社交媒体上分享自己的生活，表达自己的情感和需求，由此形成了一个社交关系网。互联网的变化影响到了商业领域，在品牌和用户之间建立起新的关系。在这种新关系中，品牌变得更加主动，积极进入用户的圈子，拉近与用户之间的距离，为用户提供产品和服务，同时从用户处得到反馈和新的需求，让用户感受到真诚和亲近。

互联网的进化使用户的角色发生了转变，由"被动接受者"变为"主动参与者"，这种转变有以下三个方面的体现，如图 5-1 所示。

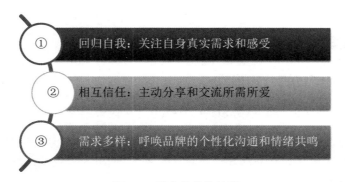

① 回归自我：关注自身真实需求和感受

② 相互信任：主动分享和交流所需所爱

③ 需求多样：呼唤品牌的个性化沟通和情绪共鸣

图 5-1　用户角色的转变

▶ ①回归自我：关注自身真实需求和感受

新一代消费者不再像以往那样被动地接受品牌传达给自己的内容，而是以自身为基准，将是否契合自身需求作为对品牌和产品的重要评价标准。秉持这样的标准，新一代消费者不只关注产品的品质和功效，还关注产品能否为自己带来情绪价值，是否符合自己的生活方式和生活理念。

▶ ②相互信任：主动分享和交流所需所爱

消费者在决策过程中更加重视契合自我。相应地，他们对"能代表自己的人"产生了更多的信任。对于广告中宣传的信息，消费者往往不会轻易接受，而是选择相信其他消费者所分享的真实感受和体验。在需求和生活场景相似的消费者之间更容易形成信任，他们能够从彼此身上获得安全感。

同时，社交媒体的发展也使得人们对于"用户帮助用户"这种决策方式的接受度越来越高。一方面，具有相似需求和兴趣的用户会关注相同的内容，由此聚在一起并产生互动；另一方面，互动会激发用户的分享欲，产出更多的内容，进而吸引更多的用户参与互动。

▶ ③需求多样：呼唤品牌的个性化沟通和情绪共鸣

用户不再是单纯基于现状而提出需求，而是更多地在交流互动中表达潜在的需求。有些时候用户的需求是在接收到内容的提示之后才形成的，而不是事先就已经明确的。当用户需求发生变化时，以往品牌和用户之间"一对多"的单向沟通模式便不再适用。

以小红书为例，目前平台包含了 200 多个内容类型，以及数量繁多的细分话题。当用户看到一个流行的趋势时，就可能意识到其潜在的需求，比如松弛感生活、Citywalk 等多种趋势就代表了用户多样化的需求。

H2H 重塑：传统营销模式新解

菲利普·科特勒（Philip Kotler）被称为"现代营销学之父"，担任美国西北大学凯洛格管理学院终身教授、科特勒咨询集团（KMG）首席顾问等职位。科特勒教授认为，在移动互联网和信息技术迅速发展，线上线下渠道融合日益紧密的背景下，消费者越来越多地选择在社交媒体上表达自己的观点和情感，同时，那些更能被消费者理解和信任的品牌将得到更多的青睐。

面对消费者的转变，营销也要相应地做出改变。做到以人为本，理解消费者的感受，重视消费者的需求，进入 H2H（human to human，人对人）时代。具体来说，H2H 营销理念主要体现在以下几个方面，如图 5-2 所示。

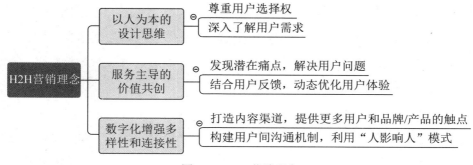

图 5-2 H2H 营销理念

► ①以人为本的设计思维

a. 尊重用户选择权。这就需要从信息阅读模式入手，在社交媒体时代，有的平台依然采用"单列信息流"或"内容铺满全屏"的阅读模式，以取得用户的注意，这种强制传达信息的方式可能会让用户产生抗拒心理。而采用"双列信息流"的模式，可以将内容的选择权交给用户，让用户感受到被理解和尊重。

b. 深入了解用户需求。传统模式之下，企业与客户之间距离较远，在了解客户真实需求方面存在困难。有时企业会尝试运用问卷调查、焦点小组访谈等方式洞察客户的内心想法，但很难保证实时性和准确性。而在数字化时代，用户会将自己的想法、感受、体验分享到社交媒体上，由此企业可以更深入地了解用户，为用户提供更好的服务。

► ②服务主导的价值共创

a. 发现潜在痛点，解决用户问题。以往，企业根据用户明确的购买需求为其提供产品和服务。不过在今天，企业提供给用户的产品不但要发挥产品本身的功用，还应当做到准确地解决用户的痛点。有些时候痛点是潜在的，是有待明确的，这就需要企业更多地与用户进行交流互动，运用场景化内容提示等方式找到用户的潜在痛点，并提供针对性的产品和服务。

b. 结合用户反馈，动态优化用户体验。在过去，营销活动要经历一个漫长的周期，包括决策、实施、追踪、评估等多个环节，营销活动开始后，经常要等待数月甚至一年的时间才能得到营销结果。而进入 H2H 时代后，企业可以随时从用户的内容发布、评论、互动中了解他们的感受和体验，掌握营销取得的实际效果，对营销策略做出针对性的调整和改进。

▶ ③数字化增强多样性和连接性

a. 打造内容渠道，提供更多用户和品牌 / 产品的触点。企业要采用用户喜欢的方式与其展开沟通，增加用户与品牌及产品之间的触点，借助高质量的内容让用户对品牌及产品产生更多的了解。

b. 构建用户间沟通机制，利用"人影响人"模式。选择具备一定影响力、与品牌特点相契合的社交媒体平台，借助平台建立用户与用户之间的沟通机制，利用"人影响人"的模式促进品牌的传播，在这个过程中核心用户将发挥关键作用。

种草新路径：H2H 时代的探索

▶ ① H2H 营销的核心命题

科特勒 5A 模型是现代营销之父菲利普·科特勒在其著作《营销革命 4.0》中提出的概念，5A 模型包括认知（Aware）、吸引（Appeal）、问询（Ask）、行动（Act）和拥护（Advocate）五个阶段，如图 5-3 所示。

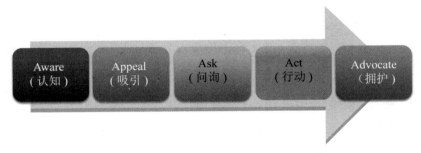

图 5-3 科特勒 5A 模型

该模型能够指导企业根据不同阶段的用户特点制定内容营销策略，优化营销行为。在 5A 模型中，品牌应该描绘用户购买的过程，了解用户路径上的触点，参与到关键环节中，将精力放在增强互动、改善渠道、改善用户界面上，进而优化这些关键的触点并提高差异化的程度。

在 5A 模型中，"问询"和"拥护"在 H2H 时代的营销中居于核心地位，H2H "人感"时代将着眼于建立正向影响和正向机制。在此背景下，激发和释放用户主动性以及建立"问询—拥护"促进机制将是两个关键步骤。

a. 激发和释放用户主动性。此步骤要着眼于两个关键环节。

第一，激发消费者在消费决策前的主动性。用户在完成购买决策后才会进入购买渠道，因此影响消费者决策需要在其进入购买渠道前开始行动。另外，要注意激发消费者需求时采用的方式，科特勒指出要通过内容来激发消费需求，内容要做到实用、专业、真实，这样有助于吸引更多的用户，使用户有兴趣进行主动探索。

第二，激发消费者完成消费行为后向他人推荐的主动性。《H2H 营销》一书提到，"品牌喜爱度"将驱使用户进行主动分享。通过优化产品来增强用户对品牌的好感度，让消费者成为品牌口碑的传播者，从而影响他人的消费决策。

b. 建立"问询—拥护"促进机制。让一群人影响另一群人，这是该机制遵循的底层逻辑。构建这种机制，首先要选择一个合适的平台，这个平台上应当有大量由用户原创的内容，同时可以为口碑发酵提供土壤。而后，基于深入洞察开展精细化运营，实现一群人影响另一群人，形成种草循环，而传统的品牌广告和效果广告则很难收获这样的结果。由此，种草营销成为 H2H 时代产生的第三种营销范式。

▶ ②基于 H2H 理念的种草营销

在以往的消费中，消费者的决策在很大程度上受到渠道和折扣的影响。因此，企业往往通过渠道覆盖、有效铺货、打价格战等方式吸引消费者选择自己的产品。不过随着同一领域的参与者越来越多，市场竞争越来越激烈，价格战已经无法有效提高企业竞争力，反而会使企业陷入"折扣内卷"的泥潭，盈利能力大幅下降。

要想在此形势下实现破局，需要抓住两个机会点。

● 转移"比赛场地"，由购买场转到决策场，同时对比项目由价格转变为产品。

● 实现用户与产品间的精准匹配，改变一款产品面向所有人的传统模式，推进产品的个性化和差异化，让每个人都能找到适合自己的产品。做到这一点，需有效地运用信息分发模式，并对市场和用户需求进行深入洞察。

这种模式下形成了"产品 × 种草 × 渠道"这样一种新范式。按照这种范式，首先要给出关于产品的清晰定义，随后凭借口碑的作用凸显产品价值，由此用户将在"我需要""适合我"这一类想法的驱使下选择产品，并通过任意渠道完成产品的购买。

科特勒教授在《H2H 营销》中提出了"O-Zone"的概念，根据这一概念，消费决策路径中有外部（Outer）、他人（Others）、自我（Own）三大影响因子：外部即企业端投放的广告内容，他人即其他用户的体验以及其表达出的品牌口碑，自我即用户自己通过品牌体验得出的评价。其中，他人和自我很难被传统广告所影响，但同时又能够在很大程度上激发用户的主动性，体现了种草的特殊价值。

基于口碑传播产品的价值，释放用户的主动性和购买需求，对消费决策和消费行为产生影响，使用户主动地做出问询、评论、分享等行为，这就是种草营销。种草营销为企业创造的核心价值体现在以下几个方面，如表 5-1 所示。

表 5-1　种草营销的核心价值

核心价值	具体内容
激发消费需求，带来增量空间	用户更愿意相信真实的体验和口碑，人与人之间的互动往往能带来新的想法，由此用户将意识到自己的潜在痛点，释放潜在消费需求，为市场创造出增量空间
打通决策路径，提升营销效率	传统广告模式下，"问询"和"拥护"环节之间存在断层，种草营销对这一断层进行了填补，使用户的心智得以流转到下一层级
创造长期资产，实现韧性发展	种草营销能够为企业带来长远收益，其创造的良好口碑是持续性的，带来的用户群体是相对稳固的，这些将成为企业的长期资产，有助于企业的健康运行

企业种草诀：3 大要点成功落地

企业在实施 H2H 种草营销的过程中，需要注意以下 3 大要点，如图 5-4 所示。

▶ ①确立以人为本的种草思维

a. 正确理解 H2H 营销思维。这需要企业做到以下三点。

第一，企业要做到以人为本。制定 H2H 营销策略前企业需对目标受众有全

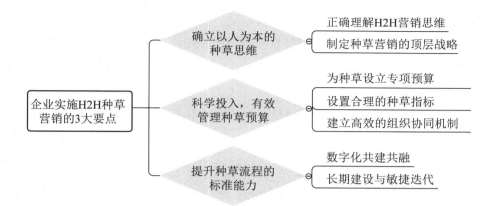

图 5-4　企业实施 H2H 种草营销的 3 大要点

面深入的了解，包括其观念、习惯、需求、兴趣、生活方式等，这样才能拉近与目标受众间的距离，实现彼此间的有效沟通，更好地把握消费趋势。

第二，企业可携手用户实施价值共创，让产品和用户更加亲近。H2H 营销策略主张与目标受众之间形成情感上的联系，为此企业须与用户一起进行价值创造，从用户处得到反馈，选择用户接受度更高的传播方式以及更契合用户需求的传播卖点，使其获得适合自己的个性化体验。企业可通过打造品牌社区、开展活动等多种方式实现与用户的价值共创。

第三，企业与用户之间要建立更紧密的连接，让用户人群成为企业的一项重要资产。企业要在持续的种草营销中与用户建立长期联系，同时通过收集数据了解不同人群的状态，据此选择实际采用的内容营销方式，以对人群流转起到促进作用。

b. 制定种草营销的顶层战略。种草不仅仅作为一种传播方式而存在，它更是一套由多个环节组成的营销范式。种草营销要想取得成功，需要从多个层面着手布局，包括产品策略、人群策略、内容投放、科学度量，由此可见，企业应将种草营销作为企业战略的一部分。

▶ ②科学投入，有效管理种草预算

a. 为种草设立专项预算。种草营销的影响不只体现在短期转化率和销售额上，更体现在长期的口碑和转化上。因此，企业应针对种草设立专项预算，种草预算与品牌预算及效果预算存在一定的差异，它是一种持续性预算，目的是培养产品的长期忠实用户，为企业节省营销成本。

b. 设置合理的种草指标。科特勒教授曾经谈道，"由于缺乏恰当和专业的会计方法，市场营销使用了大量的财务资源，效果却很难被量化和评价，容易给人造成市场营销浪费资源且无效的印象"。

种草营销以心智为导向，其效果将在全渠道中体现。因此，企业在衡量种草营销的效果时，应采用恰当合理的指标，从短期、中期、长期多个层级出发进行种草效果的衡量，而非着眼于单次的转化数据。

- 内容是衡量种草效果的短期指标。种草内容能够创造一定的广告流量，使产品快速在赛道中占据有利位置。短期指标的反馈具备较高的灵敏度，有助于及时调整投放策略。

- 生意是衡量种草效果的中期指标。产品种草的效果既体现在短时间内的成交量上，也体现在站外、线下等多渠道的后续生意转化上。与此有关，很多企业选择与小红书在数据方面开展合作，获取种草在生意转化方面的效用。

- 人群是衡量种草效果的长期指标。目标人群渗透率是一项与规模有关的指标，评价的是人群资产的积累情况。小红书灵犀平台正试图建立更加完善的人群资产衡量标准，加入效率和健康度两项新的衡量指标。在未来，灵犀会通过分析用户行为对用户与产品间存在的心智关系做出衡量，形成人群分层的逻辑，使企业得以全面深入地掌握种草情况，进而实现精细化运营。

c. 建立高效的组织协同机制。种草营销是一项系统性工程，包括洞察、规划、内容投放、转化承接等多个具备较强专业性的环节，因而需建立完善且高效的组织协同机制，推进跨部门间的协同。各个团队要共同负责内容、人群、生意三大核心指标，同时细分指标以及预算应合理有序地分配给各团队，实现清晰的权责划分。

邀请专业博主团队和竞价投放团队，构建独立种草投放中台，这些团队对小红书商业生态有着深入的了解，能够制定出合理精确的投放策略，多种产品的种草营销都可交由他们来完成。

建立跨部门虚拟组织，营销、销售、售后服务各团队展开协作，致力于实现产品增长整体目标，整体目标由多个细分目标组成，每个细分目标由相应的团队来负责。

▶ ③提升种草流程的标准能力

a. 数字化共建共融。种草营销的各个环节都需要用到数字化能力，企业应重视培养和提升数字化能力，以在 H2H 时代取得更好的种草营销效果。

b. 长期建设与敏捷迭代。H2H 时代下，企业应努力在战略、思维、组织结构、能力等多个层面上做出完善，这是种草营销成功的关键要素。成功的种草营销能够帮助企业更好地把握市场趋势，适应消费者的需求，从而提高企业的整体竞争力。

企业需对种草营销有正确的认识，将其看作一项长期的而非一次性的投资。基于这样的认识，企业要从组织结构入手，构建跨职能的协作机制，同时引导员工树立以消费者为重的意识。另外，企业需要提升自身的敏捷度，快速对市场趋势的变化做出响应，参考用户的意见和反馈更新产品及服务。

通过长期建设和敏捷迭代，企业得以在竞争日趋激烈的市场中建立属于自己的优势，提高企业发展的韧性。

5.2 品牌种草的策略与流程

思维基石：种草营销 4 种思维解读

在消费活动中，用户会花费大量的时间和精力从备选品牌中做出选择，用户能够接触到的备选品牌集合被称为"需求唤醒集"，不过由于价格、口碑以及其他因素的影响，用户一般不会考虑集合中的所有品牌，而最终被用户纳入考虑范围的备选品牌集合被称为"最终考虑集"。

用户唤醒集中一般不会包含很多个备选品牌，如果某品牌在用户考虑后被否定，那么用户今后很有可能不会再将其放入唤醒集，而这将是新品牌的机会。内容种草要做的，就是打造消费场景并完成产品的植入，从而让产品进入用户的唤醒集。

就其本质而言，种草营销包含了 4 个底层逻辑，即社交逻辑、传播逻辑、信任逻辑、劝服逻辑，如图 5-5 所示。

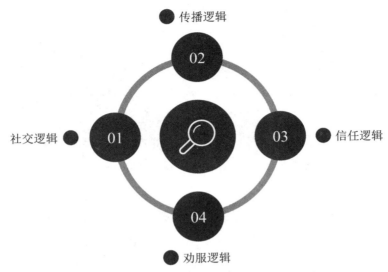

图 5-5　种草营销的底层逻辑

▶ ①社交逻辑

人是一种社会性存在，属于一定的群体。对部分人而言，达成某项个人成就，或是融入某个群体，是他们行动的主要动机，而购买是行动的一种。

根据社会身份理论，每个人拥有多个自我，不同的自我与群体之间存在联系。这种联系对个体的自我认知产生了影响，使得个体认为自己并非作为个人的"我"而存在，而是作为群体的"我们"而存在。另外，相同社会身份的人更容易使个体感到亲切，即使这种身份上的对等并非真实，或是无法产生实际效果。

研究者运用最简群体范式进行了大量的实验，实验对象会被分到任意小组，而实验结果表明与自己趣味相投的人总会带给人更多的亲近感。

现在，我们再把目光拉回到种草上，实际上种草和拔草就是一场社交，在这个过程中人们找到与自己有着相同兴趣爱好的人，同时借助品牌或产品显示自己的社交身份。

▶ ②传播逻辑

我们每个人往往会受到外部或他人的观念或主张的影响，这个过程建立在人际互动的基础上，提高了信息传播效率以及双方的亲密程度，形成了一种存在于人与人之间的传播关系，即口碑传播。对于个体而言，从趣味相投的人那里得来的产品信息相比于广告中的信息更加可信，这就是口碑传播的效果。

企业需要通过自己的营销渠道建立品牌形象，这是很重要的一项工作。但在企业官方的营销渠道之外，用户对于产品的口碑很是看重，他们更倾向于购买朋友或信任的人给出积极评价的产品。面对陌生的品牌或产品，用户会更加仰仗口碑来为自己提供参考，并且尤其在意负面评论，以此来避免"踩坑"，对此企业要尽量保证自己的产品不要有太明显的短板。

▶ ③信任逻辑

用户对某种产品产生兴趣，就会去了解更多关于它的信息。信息的获取渠道主要有四种。个人渠道，主要是身边熟识的使用过产品的人，包括家人、朋友、同事等；商业渠道，主要是企业的商业营销活动和手段，如广告、销售人员推荐、展览等；公共渠道，主要包括大众传媒、网络搜索等；经验渠道，主要是个人对产品的体验，包括检查和使用。通常来说，大部分产品信息是由商业渠道提供的，但对于用户而言，个人渠道提供的信息最为有效。

用户通过商业渠道了解到产品的存在，而通过个人渠道形成对产品的判断和评价，并据此做出消费决策。在个人渠道中，用户尤其会信任与自己亲近的人，或是有着相同身份、观念的人。

▶ ④劝服逻辑

个人的言行并不一定由其所处的组织所决定，而是受到参照群体的影响。参照群体可以是个人或群体，可以为真实或虚构，它会对个人的观点或行为产生明显的影响。

参照群体共分为三类。第一类是成员型参照群体，成员是用户认识的人；第二类是渴望型参照群体，这一参照群体的成员用户并不认识，但受到用户的钦佩；第三类是回避型参照群体，用户会避免亲近这一参照群体的成员。

渴望型参照群体中的意见引领者拥有强大的沟通网络，用户在做出消费决策时往往会受到他们的影响，更愿意听取他们的劝说和建议。劝服逻辑就是要发挥渴望型参照群体中意见引领者的作用，以影响用户的消费行为。

种草使用户相信其能够通过产品实现自我价值，由此用户能够获得积极的情绪，这种情绪与产品联系在一起，使用户愿意为产品买单，购买种草的产品即所谓的拔草。

小红书用户对种草持有积极态度，尼尔森的调研报告显示，40%的用户会在小红书上搜索感兴趣的产品和话题，37%的用户会关注小红书网友对自己感兴趣的产品的评价，36%的用户在小红书上观察潮流趋势，33%的用户将小红书作为灵感的来源地，在小红书上等待被他人种草，30%的用户在看到他人分享的小红书笔记后进入平台。

科学洞察眼：机会、人群与需求剖析

▶ ①机会洞察

通过机会洞察，企业能够发现潜力赛道，并推出相应的产品在赛道上占得先机。机会洞察总共分为四个方面，如图5-6所示。

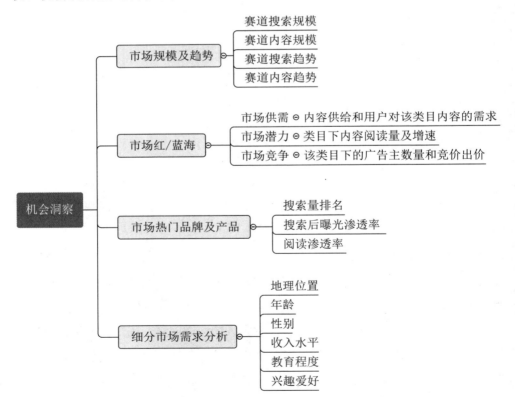

图5-6 机会洞察的四个方面

▶ ②人群洞察

在人群洞察环节，品牌需要解决两个关键问题，如图 5-7 所示。

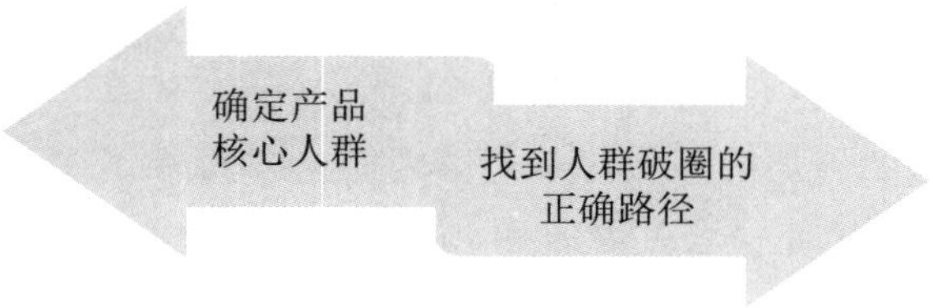

图 5-7　人群洞察的两个关键问题

a. 确定产品核心人群。可以通过多种方式找出核心人群，比如设定多个标签，通过标签的组合筛选对人群做出细致划分，或者是寻找与品牌现有核心人群相似的潜在人群。

b. 找到人群破圈的正确路径。计算人群之间的远近距离，破圈要遵循由近及远的原则。另外，可结合人群的关联度和渗透率进行二维分析，以找出高潜力人群来推动破圈。

▶ ③需求洞察

企业通过需求洞察，准确找出用户与产品之间的连接点，推进沟通策略的制定和内容的创作。

需求洞察需要理解笔记内容，并采用结构化的方式进行数据的整理。企业可以关注一个类目下的热门话题和热门内容，通过阅读一个类目下的笔记，能够得到关键词和趋势等信息，而用户在类目下使用的搜索词也能反映一定的规律。

以上信息反映了用户的关注和讨论对象，通过这些信息，企业可以了解到用户的需求，并据此开展后续的内容创作和交流互动。

小红书拥有覆盖多个维度的结构化数据，基于此可以对人群进行精准细分，辅助企业准确找到目标人群。

在进行目标设定时，人群反漏斗模型主要用于明确具体的数据指标，目的是找出"核心人群"，随后制定反漏斗破圈路径，路径中的每一步都有对应的目标人群，目标人群又有相应的目标渗透率。根据目标人群和目标渗透率，对营销动作进行拆解，得到更加具体的内容和投放动作，这样营销预算将更有针对性。

目标设定可参考"人群洞察"得到的结果，另外可以参考以下几点确定不同人群的渗透率目标。

- 围绕渗透率对比信息。在目标人群中，自身产品与主要竞品的渗透率分别是多少，与市场优秀水平之间是否存在差距。
- 在产品生命周期的不同阶段确立不同的渗透率目标。产品处在上市期时，应重点提升核心人群渗透率；产品进入成熟期后，应将更多的目光放在泛目标人群上，由此扩展目标人群，从而提升泛人群渗透率。
- 从营销预算、过往经验等方面出发，确定合理的渗透率提升目标。

精准覆盖术：内容投放靶向攻略

▶ ①贴合用户天然种草行为的投放策略

在小红书上投放广告时，品牌方应尽量让广告和用户的自然种草行为相贴合，通过汇聚商业流量和自然流量提高投放效率。

在小红书平台上，KOL更加贴近用户，对于用户的想法、需求和习惯有着更深入的了解，他们能够通过优质的产品内容吸引更多普通用户进行互动。KOL内容在小红书上有着较大的影响力，其获得的点赞量和收藏量要明显高于品牌官方内容，因此利用KOL内容进行内容投放是一种更高效的方式。

小红书的信息流是指"信息找人"，搜索则是指"人找信息"，用户会结合信息流和搜索做出消费决策。用户通过信息流找到自己的需求，而后借助搜索进一步明确需求，并得到解决方案。因此，在进行内容投放时要做到信息流和搜索双管齐下，在两者中占据有利位置，在目标用户范围内更快地完成种草。

▶ ②K是产品种草的内容供给矩阵

除了KOL（关键意见引领者）之外，大量的KOC（关键意见消费者），以及部分营销场景下的KOS（关键意见销售），都是K的组成成分，由此针对产品种草形成了内容供给矩阵，可以持续为品牌供应优质内容。筛选优质内容时可参考点击率和阅读量，扩大广告的传播范围。

KOL具备较强的影响力和专业能力，是最主要的种草内容生产者。在"蒲公英"这一平台上，企业可通过设置筛选维度进行KOL的筛选，也可以选择接受目标人群的推荐，筛选出与目标受众匹配度最高的KOL。而在小红书上，

KOL 生态呈现出蓬勃发展的态势，KOL 的数量增长迅速，且覆盖范围很广，包含了几十个内容类目，许多品牌都可以在小红书上通过 KOL 进行营销。

品牌在用户中的口碑往往在 KOC 身上得到体现。企业可借助 IP 营销等手段创造热门话题，吸引更多的用户参与，由此积累 KOC 内容资产。通过 KOC 内容，企业能够得到用户关于产品的真实评价和反馈，发现新的市场和目标人群，围绕新的需求对产品实施改造。

KOS 是企业激活线下门店资源的重要方式。在许多行业，如汽车、奢侈品等，线下销售是重要的专业内容创作者，她们自发在小红书上发布内容、解答问题、运营用户。目前，小红书已经拥有了绑定销售账号、管理销售内容素材、投放竞价推广和收集客户线索的一体化解决方案。

KOS 能够帮助企业更充分地利用线下门店资源。在小红书上，许多专业内容创作者的身份是线下销售，其所处的行业包括汽车、奢侈品等，他们会与平台用户进行互动，回答用户提出的问题。目前，小红书支持与 KOS 相关的一系列功能，包括认证销售身份、收集客户信息、投放竞价推广等。

效果优化策：种草营销成效提升

▶ ①人群渗透

目标人群渗透率体现了产品反漏斗破圈的效果，企业借助渗透率可以获得人群破圈的"进度"，如果破圈尚未到达核心目标人群则继续推进，如果已经到达则寻找新的核心人群。

除了人群渗透率，企业还可以从多个方面出发全面考察营销效果，并对营销做出优化。企业可以考察自身产品与竞品之间的竞争情况，探究影响渗透率波动的因素，评价各广告的效用，同时与更多优质 KOL 合作，产出更多高质量内容。

▶ ②内容渗透

这一层指标评判的是产品的曝光率，即产品能否在类目下得到足够多的曝光机会。产品曝光机会越多，则用户在浏览该类目时就越有可能优先选择该产品。关于曝光机会，有以下具体的指标。

a. 内容渗透率。这一指标反映的是小红书内产品在其赛道中占据的内容份额，能够在一定程度上体现用户对产品的认知度。内容渗透率的数值越大，则消费者看到该产品的概率就越高，也就更有可能选择该产品。内容渗透率的公式如下。

内容渗透率＝该产品的笔记内容阅读量 ÷ 对应关键词或类目的笔记内容阅读量 ×100%

b. 搜索的 SOV 与 SOC。SOV（Share of Voice）与 SOC（Share of Click）两个指标展现的是产品在类目下的关注度，具体内容如表 5-2 所示。

表 5-2　搜索的 SOV 与 SOC

项目	具体内容
SOV	即对应时间周期内，关键词下该产品的曝光流量 ÷ 关键词下同类目的总流量 × 100%
SOC	即对应时间周期内，关键词下该产品内容点击量 ÷ 关键词下同类目的总点击量 × 100%

▶ ③转化数据

通过小红书的电商转化数据以及站外交易渠道转化效果，品牌可以对小红书种草的生意结果做出评价。通过一方数据回传和三方数据共建，品牌能够对站外转化的实际效果实施评估。站外交易人群和站内种草人群会产生相应的数据，企业可以将两部分数据打通，以此进行交易的归因分析，对站内种草策略做出调整和优化，同时提升站外成交总额和投资回报率。

第6章

投放策略：
精准营销的实战宝典

6.1 精准触达

广告新趋势：小红书广告特点与走向

各类社交媒体的出现以其高用户参与度与互动性、服务与推荐的定制化、内容与社区氛围的高品质重新定义了线上营销，同时也为广告行业带来了更多的机遇和挑战。在各具特色的线上社交平台中，小红书以其庞大的年轻用户群、多类型的内容创作与分享形式、便捷新颖的购物体验脱颖而出，也成为各个品牌选择宣传推广阵地时的青睐对象。

▶ ①小红书广告的主要特点

首先，小红书作为一个高质量的生活内容分享平台，能够针对用户特点进行内容的个性化推荐，拥有多维度细分的年轻受众，且用户群活跃度高，这意味着品牌在进行广告投放后能获得较高的曝光度，可以较为精准地筛选出与品牌产品和服务相吻合的受众。同时，庞大的用户基数也使得小红书上的广告投放具有更高的性价比。

其次，小红书用户偏向年轻化，其所吸引的使用者往往具有善于创作、乐于分享的特点，每天都能够产出大量优质内容，这进一步扩大了小红书的影响力，让小红书的用户数量持续增长，二者之间形成的良性循环为品牌推广提供了广阔的舞台。同时，用户对于有价值内容的参与和分享热情，也为品牌提供了与达人合作、开展社群推广、在原创内容中植入产品等更多新颖的营销选择。

最后，小红书的社交属性使得用户对商业广告的排斥心理降低，使广告借助社交网络所固化下来的信任更容易地获得用户的认同。而小红书作为生活内容分享平台，购物经验分享、品牌产品推荐等本身就是其服务内容的一部分，因此广告的转化率更高。

▶ ②小红书广告的发展趋势

小红书的广告发展趋势可以概括为重内容创作、重互动参与、重社交传播三个方面，如图 6-1 所示。

图 6-1　小红书广告的发展趋势

a. 重内容创作。小红书的一切活动都围绕着内容创作这个核心展开。作为一个以内容来留住用户的平台，内容质量和用户体验是小红书运营的基础，同时也是内容创作者能够吸引到用户关注、实现价值转化的关键。因此在进行广告投放时，必须充分了解用户的需求与偏好，保证内容的高趣味性、高价值性，以获得用户的好感和认可。

b. 重互动参与。用户的互动和参与是广告能够获得用户信任、达到理想宣传效果的前提。比如，可以借助用户的力量更直观地进行产品功能、产品特点的展示，邀请用户参与产品的使用活动，鼓励已购买用户进行使用评价等。充分发挥小红书的消费决策功能，让用户真正看到品牌的亮点，信赖品牌的产品和服务。

c. 重社交传播。小红书具有极强的社交属性，用户之间的联系构成了一张巨大的社交网络。品牌通过鼓励用户进行点赞、转发、评论等互动行为，有效利用这张社交网络，形成波纹效应，能够进一步增强广告的影响力。同时，借助大数据分析功能，小红书能够更好地获取用户的需求、偏好等信息，对不同的用户群体进行精准画像，帮助品牌进行受众匹配，有针对性地投放推广信息，从而提升投放效率，更好地进行用户转化。

综上所述，作为数字经济时代集内容分享、日常社交、购物决策于一体的综合性线上平台，小红书正处于上升期，随着网络的发展，其功能将进一步丰富、用户规模将进一步扩大。而其以高质量内容和用户为核心的运营模式，为品牌的营销推广开辟了新的途径，实现了品牌的高效化、精准化宣传。与此同时，也对品牌方提出了更高的要求，在进行广告投放时要注重内容的价值，提高内容的质量，增加内容的吸引力。在进行推广时要多与用户进行互动，借助数据分析掌握用户需求，提高广告投放的精准性。唯有如此，才能用好小红书这一新型平台，提高广告的转化率。

投放战术集：方式与策略大集合

在如今的数字化时代，线上广告投放和流量引导是让品牌被更多消费者所"看见"的重要途径之一，在品牌市场推广中的地位日益上升，而在小红书这样一个具有庞大用户群的线上平台进行推广，掌握广告的投放方式和引流策略尤为重要。

▶ ①小红书广告的投放方式

广告投放行为本身与小红书的消费决策服务需求相契合，因此小红书平台提供了多种广告投放方式和投放服务，企业可结合自身品牌定位、投放目标和预算数额进行自主选择。其中，最常见的投放方式是通过小红书官方所提供的自主广告投放平台进行，可供选择的具体广告投放形式包括品牌推广、话题推广、达人投放等。在结合自身实际确定投放形式后，企业还能够对广告投放时间、投放地域、目标受众等进行预设，进一步提升投放的精准性，既提高了投放效率，也节省了投放成本。

▶ ②小红书广告的引流策略

广告引流，是指引导用户对品牌所投放的内容进行点击查看，对产品产生兴趣进而产生购买意愿和购买行为的过程。小红书广告引流决定着广告投放的最终投入和产出比，是决定投放效果的关键因素之一，因此需要企业予以高度重视，可以采取以下策略保证引流效果。

首先，确定目标受众，保证受众与品牌产品、服务之间的匹配度。从性别维度来看，小红书用户多为女性；从年龄维度来看，年龄结构偏向年轻化；从职业维度来看，以在校大学生、职场白领等居多。因而企业在进行广告投放时要对这一群体进行深入的了解，结合其兴趣、需求和审美偏好进行广告内容的创作。

其次，增加广告内容的吸引力。在小红书上，受欢迎的内容往往具有创意新颖、内涵丰富、充满趣味、审美高级等特点，因而企业在进行广告投放时应尽可能满足上述条件，使所发布的内容能够充分引起用户注意。

再者，作为社交平台，用户之间的互动性是平台的固有属性，而借助用户互动，品牌也能够更好地保证自身的活跃度，增加曝光率，吸引更多的用户点击、了解和购买产品。因此在引流的过程中，企业要充分重视与用户的互动，及时回复用户评论，通过发起各类互动、参与用户的话题讨论等方式与用户形成良好的互动关系，进而增强品牌的影响力，达到更好的引流效果。

最后，企业在进行引流时还可以充分借助小红书平台所提供的引流策略，比如与达人进行合作、与关联产品进行联动、参加小红书官方活动等，如表6-1所示。

表 6-1 基于小红书平台的引流策略

引流策略	具体内容
与达人进行合作	充分借助达人已有的知名度，让品牌信息在平台上更好地进行扩散，同时通过达人针对产品所产出的高质量内容形成用户对产品的良好印象
与关联产品进行联动	充分利用双方的粉丝基础，形成强大的营销合力，实现双赢
参与小红书官方活动	借助官方的流量补贴更好地为广告创造曝光条件，形成良好的传播效果

综上所述，小红书广告投放和引流，能够帮助企业顺应当前数字化时代的品牌营销趋势，更加高效地对接目标受众，扩大品牌影响力。通过采取正确的投放方式和引流策略，企业能够充分利用小红书庞大的用户群，实现高质量的用户转化。但与此同时，也应该注意，随着网络的发展，一切事物都处于不断的变化之中，广告投放和引流也需要跟随市场发展的规律，不断进行策略优化和完善。要实现这一点，需要企业不断关注平台和用户的变化，及时进行营销模式的迭代升级，并坚持进行大胆的创新尝试。

竞品透视镜：4个维度深度分析

为了增强产品在小红书平台中的竞争力，品牌需要广泛采集小红书平台中的同类产品和各个竞品的各项信息，在充分掌握其他各项同类产品及竞品的实际情况的基础上对自身产品进行精准定位，并找出最佳沟通点和效率最高的传播路径，为产品营销提供强有力的支持。

在小红书平台中，品牌可以找出同类产品中投放较多的竞品，并将其作为自身投放的参考进行深入分析，找出用户反馈较好的沟通点、用户反馈较差的沟通点以及传播效果较好的选题、场景和形式，同时将这些信息应用到传播方案的制定工作中，提高传播方案的有效性。

小红书竞品分析主要包括以下 4 个维度，如图 6-2 所示。

图 6-2　小红书竞品分析的 4 个维度

▶ ①投放内容

品牌对竞品投放内容的分析主要涉及多项内容，如竞品在小红书中投放的基本数据、内容偏好、投放达人情况和粉丝分布情况等。一般来说，品牌在分析时需要采集 90 天内的笔记数据。

a. 基本数据。笔记的基本数据主要包括曝光量、点击量、互动量、点赞量等数据。在分析竞品笔记情况时，品牌需要先采集 90 天内竞品相关笔记的各项基本数据，并对这些数据进行深入分析，以便进一步了解竞品在小红书平台中的关注度情况和声量。

与此同时，品牌还需统计商业笔记数量，计算商业笔记在所有笔记中所占的比例，并根据商业笔记所占比例来推断实际投放情况。若品牌发布的商业笔记数量较多，那么说明该品牌投放了大量内容，用户自发传播相对较少，反之则说明该品牌在小红书平台中的粉丝和忠实用户较多，并为品牌带来了许多流量。但由于数据平台中的商业笔记信息的准确性有待考量，因此品牌在决策时不能直接应用这些数据信息，只能将其作为参考。

除此之外，品牌还需要通过搜索竞品品牌或从第三方平台中获取相关信息等方式来了解负面笔记情况，在品牌关键词搜索页面出现的文章中搜寻负面评价，若 90 天内的许多笔记中存在较多负面评价，那么品牌则需要采集和分析各项负面评价信息，以便据此对产品和营销方案进行优化，进而达到降低负评率的目的。

b. 爆文情况。品牌需要找出竞品不同等级的爆文，如百赞爆文、千赞爆文、万赞爆文等，并对这些爆文的曝光数、点击量、点赞量和总互动量等数据进行统计分析，计算出竞品的爆文率，进一步了解竞品在小红书平台中的投放情况。同时也要据此找出内容好、质量高的笔记，深入分析竞品投放最优秀的几篇爆文，从这些爆文的点击量、互动量等数据信息中分析归纳出影响投放效果的重要信息，如投放达人、笔记形式、内容侧重点等，以便参考这些信息根据自身实际情况产出属于自己的爆文。

▶ ②笔记内容

a. 笔记内容分析。小红书平台中的笔记涉及多个领域，可以划分成不同的类型，如好物分享笔记、测评笔记、DIY 制作笔记、教程类笔记等。品牌在对竞品投放的笔记进行分析时，通常以饼状图的形式来表现各类笔记在全部笔记中所占的比例，并通过对笔记内容的分析来了解数据表现较好的笔记类型，以便为自身的笔记投放提供参考。

b. 笔记标签、关键词。品牌需要统计竞品投放的笔记的标签和关键词，并对比各个标签和关键词的数据表现，找出数据表现较好的标签和关键词，并将其添加到自身的笔记当中，用于提升笔记营销效果。

c. 热门 / 爆文笔记分析。品牌需要通过数据拆解的方式找出竞品投放的爆文，并获取竞品爆文的笔记内容、笔记标签等各项相关信息，还要从中找出数据表现格外优异的几篇爆文，并从标签、笔记内容、达人选择、发布形式等多个角度对这些爆文进行分析，以便在发布笔记时取长补短，优化自身投放笔记的数据表现。

▶ ③投放达人

在对竞品的投放达人进行分析时，品牌可以从以下三个方面入手。

a. 达人量级 / 投放占比。品牌需要统计和分析竞品投放的数据，并在此基础上计算出当前竞品投放的达人所占比例，以粉丝数量为依据将达人划分成不同的等级，如头部达人、腰部达人、尾部达人、KOC、素人等。

b. 账号类别 / 占比。除达人量级外，品牌在进行投放时还需要考虑竞品投放的账号类型，如达人账号、竞品品牌号、明星账号等，并对这些账号在小红书平台中的声量进行比较，进一步提升自身所掌握的竞品数据的正确性和客观性。

c. 达人类型 / 占比。一般来说，达人投放可分为全部与品牌类别相关的投放和多元化调整的投放两种类型。在对竞品的达人投放情况进行分析时，品牌需要区分达人投放类型，若竞品采取的是多元化调整的达人投放方式，那么品牌则需分别分析各类达人的笔记数据，掌握笔记数据发展趋势，以便后续根据自身实际情况制定多元化的达人投放类型组合方案，为达人投放工作提供支持。

▶ **④品牌号**

品牌号是品牌在小红书平台中营销宣传的重要阵地，因此为了充分了解竞品，品牌也要对竞品的品牌号进行分析。

a. 基础情况。品牌需要采集和分析竞品品牌号的各项基本数据和信息，如笔记数据、笔记内容、涨粉情况、粉丝群体等，并分类比较竞品品牌号中的各篇笔记的数据表现，找出竞品品牌号在投放中的侧重点。

品牌可以在充分了解竞品品牌号的基础上对自身的品牌号投放进行优化，以便利用品牌号来宣传新产品，在宣发过程中也可以借助抽奖、互动等方式来打造新鲜感，提高品牌号对用户的吸引力，进而获得更好的投放数据。

b. 粉丝情况。品牌需要采集竞品在小红书平台中的受众数据，如性别比例、年龄分布、地域分布、兴趣爱好、关注内容等，并针对相关笔记的受众信息绘制相应的受众画像，了解竞品的粉丝情况，并根据粉丝的人群标签来进行需求分析，以便针对这些潜在客户的需求和偏好等进行投放，达到提高投放的精准度和有效性的目的。

c. 转化情况。品牌需要加大对竞品线上转化情况的关注度，了解竞品的线上转化形式、内容引流方法、线上互动情况和线上商品链接等信息。

投放关键点：4 大要点精准把握

小红书的广告投放具体可以总结为以下 4 大要点，如图 6-3 所示。

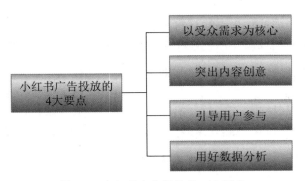

图 6-3 小红书广告投放的 4 大要点

▶ ①以受众需求为核心

在进行小红书的广告投放时，要做好充分的前期准备工作，使用大数据对目标受众的消费特点、兴趣偏好和审美风格等进行分析，制定具有针对性的广告方案。只有这样，才能保证广告被平台精准地投放至受众端，同时使得广告的内容与用户的需求和预期相契合，真正地通过广告投放来实现销量的提升。

▶ ②突出内容创意

小红书是一个以内容质量为导向的平台。因此，在进行广告的制作时要大胆地进行创新，将产品功能、产品卖点以一种大家喜闻乐见的方式进行呈现。如将产品作为热播短剧里面的关键道具，采用构图高级、色彩浓郁的画面展示产品外观以及采取新的角度进行切入，重新定义人们对于同类事物的认知等。这一过程除了要通过创意展现吸引用户的注意，同时还要获得用户们对产品的认同，让用户愿意参与关于产品的讨论、愿意购买产品和愿意向别人"安利"产品。

尽管内容同质化是网络快速发展之下不可避免的问题，但若不及时采取措施进行规避，则容易出现严重的用户流失问题。因此，要在保证自身产品价值内核稳定的前提下选取多种方式进行广告投放，如借助流行的短剧和变装、与达人进行合作、与知名博主进行合作等。不断追求推广内容和推广方式出新，同时扩大广告宣传的辐射范围，以实现对用户的持续吸引。

▶ ③引导用户参与

用户的参与互动能够带来良好的活跃度，从而实现广告的持续曝光，不断扩大产品的影响力。因此，可以通过鼓励评论和转发、参与用户话题等方式提升用户的参与度，让产品利用社交关系网更好地传播，同时也能够提升用户对品牌以及产品的信赖度，树立良好的品牌形象。

▶ ④用好数据分析

数据是小红书广告受众确定、效果评估的高效量化工具，通过对品牌账号的粉丝增长量、笔记浏览量、转发次数等数据进行统计分析，能够获得广告投放效果的直观呈现，更好地进行广告投放效果的复盘，对投放工作进行优化升级，不断提升企业整体的宣传推广能力。

总而言之，成功的、富有影响力和高转化率的小红书广告需要满足与目标受众相匹配、具有创意、用户互动率高、形式多样、以数据分析为支撑等条件，实现这些条件需要品牌方具有极强的市场敏锐性和洞察力、出色的策划与执行能力、优秀的用户引导能力，并能够持续不断地学习和创新，唯有如此才能制作出有感染力、能够引发用户共鸣、获得用户认可的优质内容，实现高效的价值转化。

效果评估尺：6 个维度量化评估

具体来说，小红书广告投放效果评估主要包括以下 6 个维度，如图 6-4 所示。

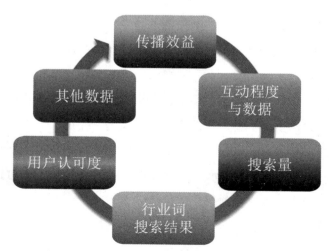

图 6-4　小红书广告投放效果评估的 6 个维度

▶ ①传播效益

不同于微信对视频浏览量进行直观呈现，小红书的笔记曝光数量难以被直接看到，这是因为在小红书平台上数据流量将会对用户和入驻的品牌产生巨大影响，为保证平台运营秩序，避免虚假生态，官方会选择对数据进行隐藏。

对于品牌方来说，广告投放的考察指标是由投放方式所决定的。如果是以达人为核心的 KOL 投放，则投放所带来的曝光量（即后台阅读量）是首要评估指标；如果是以视听媒体内容流、社交平台好友动态为载体的信息流投放，则要以投放带来的展现量和点击量为评估指标。不论是曝光量还是展现量、点击量，其所衡量的都是品牌被大众"看"到的能力，即影响力、传播力，因而这些数据越高，意味着广告的投放效果越好。

▶ ②互动程度与数据

规模和精准共同构成了小红书广告投放的核心。追求规模是为了使所投放的广告数量能够支撑起目标庞大用户群的浏览需求；而精准则是在此基础上确保所投放的广告能够更高效地触达目标客户，以实现高转化率。因此，在进行投放时，要尽量先对目标客户进行精准画像，获取用户的偏好和需求，有针对性地选取意见引领者进行合作，策划与用户需求相匹配的种草内容。

互动量是第二个对投放效果进行评估的重要指标。如果选择的是达人投放，就要关注粉丝在话题下的话题互动率和在笔记下的阅读互动率；如果选择的是信息流投放，就要关注用户在看到投放内容后采取的行动所产生的费用，即 CPA。不论是互动率还是 CPA，其所衡量的都是投放内容引起大众兴趣的能力，互动率越高，则所投放的内容越能引起用户的兴趣，在客户中的影响力越大。

▶ ③搜索量

因为小红书平台并非纯粹的电商平台，其尚未完全实现电商闭环，因而一些笔记仅仅是在内容上对品牌进行了宣传与种草，并没有提供直接的购买渠道，用户最终还是要通过电商平台实现产品的购买。

此外，很多粉丝会秉持"货比三家"的理念，通过多平台多渠道搜索去对品牌进行全面了解。因此小红书、百度等社区搜索平台以及淘宝、京东等电商平台的搜索量变化趋势是第三个考核指标。

推动传播力、影响力的提升，最终目的是能够推动消费者产生实质性的消费行为，让消费者产生对产品的购买欲，愿意将产品作为消费的最终选择。这就是小红书投放进行带货的内在逻辑。

▶ ④行业词搜索结果

提升投放的精准性，不仅仅是为了贴合用户需求进行营销，更好地提升投放转化率，更重要的是在用户认知中建立需求与品牌之间的连接，以实现品牌的持续影响，即当用户在产生某种需求时，立马会想到针对这种需求经常对其进行精准化投放的品牌。

因此，当消费者在小红书上对相关行业进行搜索时，品牌是否能够获得较高的搜索占位率也成为一个重要的考核指标。无论是自然占位还是搜索关键词广告投放，所覆盖的关键词越高则说明品牌在行业内的知名度越高、市场竞争优势越大，即投放效果越好。

▶ ⑤用户认可度

用户自发地宣传分享行为就是最好的营销，这意味着产品真正得到了用户的认可，用户愿意为其买单。以 2023 年上映的《封神榜》为例，其上映后，很多观众对其内容高度认可，并通过朋友圈安利、小红书种草等多种方式对其进行宣传。这就是一个优质产品与投放效果、观众反馈之间形成正向循环的最佳案例。

因此，在进行小红书投放的过程中，要防止头部意见引领者与其他普通用户之间出现断层，充分发挥头部意见引领者的引领作用，对庞大的普通用户群进行带动，结合粉丝们的偏好进行合理创新，提高他们对品牌的喜爱度，激发他们的分享欲。

▶ ⑥其他数据

a. CPE 考核。因为小红书是一个以兴趣为导向、以内容为载体的推广平台，难以实现大规模的曝光，相对于一些直接进行广告投放的平台投入产出比较低，因而不适合用 CPM 进行效果衡量。因此互动量是更为合适、有效的衡量指标，当 CPE 小于 5 时，就可以看作是一次效果较好的投放。

b. 笔记的收录率。在关键词下，笔记是否已经具有足够大的影响力，被话题、关键词收录。

c.笔记排名。同关键词搜索下，笔记是否能够被优先推送？一般将排名在前6篇以内（手机页面的 2～3 屏内）的笔记称为优质笔记。

d.关键词自然搜索增长。对于品牌的搜索热度不仅仅局限于小红书社区，还应该综合其他平台与搜索引擎，以更加客观地衡量品牌的影响力以及目标受众对品牌的兴趣度。如百度指数、淘宝搜索榜、知乎搜索热度、生意参谋查词等网站。同时，还要关注电商平台上商家店铺的顾客流量、单品的客户咨询量、销量等，通过多层次、多角度的衡量以确保投放效果评估的准确性与科学性。

 6.2 信息流攻略

实战路线图：信息流投放流程详解

小红书广告主要包含两大类。一类为品牌，需要根据广告位进行排期购买，主要涉及开屏、商业话题和担保式保量投放（Guaranteed Delivery，GD）等资源；另一类为效果，需要根据广告效果进行竞价购买，主要涉及信息流广告和搜索广告。

一般来说，在小红书平台中，信息流广告会出现在发现页当中，品牌在投放信息流广告之前可以根据营销内容设置相应的标签，如性别、年龄、兴趣、地域等，利用标签来提高投放精度，也可以选择广告在发现页中的位置。

存在流量投放的笔记会出现"广告"或"赞助"标识。标有"广告"字样的笔记含有跳转链接，用户点击后会跳转到其他平台中；标有"赞助"字样的笔记主要涉及站内投流，用户点击后并不会进入其他平台。对品牌来说，在前期种草阶段可以投放信息流广告，借助广告来给平台中的用户留下一定印象，同时也为用户了解品牌提供方便，提升品牌势能。

在进行搜索推广时，品牌需要先在后台设置关键词，并选择广告位，当用户搜索的内容中出现该关键词时，推广内容将会出现在搜索页面被选中的位置上。搜索推广具有曝光量相对较小、点击价格相对较高等特点，但由于是定向投放，与用户搜索需求之间的关联也更为紧密。

品牌在小红书中进行广告投放的方式主要有两种。一种是自主投放，需要品

牌方的相关工作人员进入小红书官网，登录专业号，再进入推广中心中上传广告资质，并在资质通过审核后进行充值和定向投放；另一种是代理投放，需要品牌方联系代理商帮忙开通账号并进行充值和广告投放。对口腔、医美、保健品等行业的品牌来说，可能存在因资质不齐全无法过审的情况，为了顺利投放广告，还需提前一段时间开始走投放流程。

具体来说，小红书信息流广告投放流程主要包括以下 5 个步骤，如图 6-5 所示。

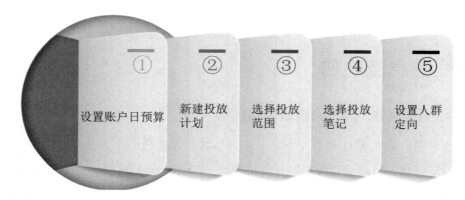

图 6-5　小红书信息流广告投放流程

▶ ①设置账户日预算

从投放预算方面来看，品牌需要提前了解行业竞争情况和其他平台的广告投放预算，并据此设置账户预算，再根据实际投放情况对预算进行调整，避免出现超支等问题。小红书后台预算设置如图 6-6 所示。

图 6-6　小红书后台预算设置

▶ ②新建投放计划

现阶段，小红书后台广告投放计划的推广目的主要包括六个方面，分别为品牌知名度、品牌意向、笔记种草、商品销量、销售线索收集和私信营销，如图 6-7 所示。

图 6-7　投放计划的六大推广目的

具体来说，针对品牌知名度的广告投放适用于品牌入驻平台前期，能够大幅提高笔记的曝光量，同时也需要较高的预算；针对品牌意向的广告投放具有精准投放的特点，能够瞄准潜在高点击客户进行推送，提高笔记的点击量；针对笔记种草的广告投放可以将笔记推送给关注品牌账号的用户和与品牌进行互动的用户；针对商品销量的广告投放就是对商品的投放，可以推动用户决策，吸引用户下单，提高用户转化率；针对销售线索收集的投放主要向各类常规的表单客户进行推送，如教育行业的品牌的投放会推送给教育类客户；针对私信营销的投放主要向私信类客户进行推送，如珠宝、服装、婚纱摄影等。

▶ ③选择投放范围

在进行广告投放之前，品牌需要明确推广目的，并据此制订相应的营销计划，选择合适的小红书投放方式。对品牌来说，既可以投放信息流广告，也可以进行搜索推广，具体需要根据自身的推广目的和所处时期进行选择。电商领域的品牌可以在前期投放信息流广告，打造具有较强的引流作用的爆文，在后期进行搜索推广，拦截意向用户，实现用户转化。珠宝、服装、婚纱摄影等行业的品牌可以在前期投放信息流广告，对笔记的营销效果进行测试，在后期利用爆文来拦截意向用户。后台投放时间选定如图 6-8 所示。

▶ ④选择投放笔记

品牌需要从企业号笔记和达人笔记中选出需要投流的笔记，并合理规划广告费用。从实际操作上来看，品牌可以在前期对达人笔记进行投放，在后期追加对企业号笔记的投放，并陆续增加笔记数量，持续观察笔记数据变化情况，找出回报率最高的笔记。

图 6-8 后台投放时间选定

私信类客户在进行笔记投放时需要先选择是否使用组件，再进入私信界面，最后使用相应的插件。立即咨询插件设置如图 6-9 所示。

图 6-9 立即咨询插件设置

▶ ⑤设置人群定向

现阶段，定向投放中的标签主要包含性别、年龄、地域、平台和兴趣，品牌可以根据自身实际情况选择合适的标签。一般来说，电商类客户在前期可选择 3 种兴趣标签，标签分别对应不同的用户群体，并根据笔记数据找出最容易受到自身笔记吸引的用户群体，以便在后续进一步优化投放策略。后台定向人群包选择设置如图 6-10 所示。

图 6-10 后台定向人群包选择设置

品牌方的相关工作人员在点击完成后，小红书平台会对投放笔记进行审核。若投放笔记顺利通过审核，则说明品牌已完成投放，可以通过后台获取各项实时的笔记数据，并通过对这些数据的分析找出投放中存在的问题；若投放笔记未通过审核，小红书平台会向品牌反馈相关信息，以便品牌方的相关工作人员对笔记进行修改和重新投放。

方案制定法：打造有效投放计划

▶ ①产品匹配与投放逻辑

在小红书平台中，营销策略是影响投放效果的重要因素。品牌需要制定科学、合理、有效的投放策略，以便在实际投放时获得更好的投放效果。

在投放前的准备阶段，品牌需要衡量自身产品与小红书平台用户之间的匹配度，找到目标用户群体。在实际操作过程中，品牌可以从以下两个方面入手。

a.用户匹配度。从本质上来看，小红书是一个生活方式平台和消费决策入口。目前，小红书笔记曝光量日均300亿次，月活用户数量达3.12亿，用户的地域分布集中在一线城市和二线城市，尤其是沿海地区，用户群体呈现出女性化、年轻化、消费能力较强等特点。

b.偏种草性质。从商业价值上来看，小红书是一个消费决策平台。近年来，我国经济飞速发展，品牌的丰富性不断提高，消费者在购物时的选择越来越多，如何选购商品逐渐成为一项难题，而小红书用户所发布的购物体验相关笔记为消费者提供了参考和指导，同时也在一定程度上解决了品牌、产品和消费者之间"最后一公里"的障碍。

▶ ②品牌传播策略制定

在制定品牌传播策略环节，品牌既要设计营销路线图，也要制订具体规划。例如，在电商节点投放过程中，品牌需要做好以下两项工作。

a.里程碑计划。品牌需要在确定投放时间节点的基础上提前一段时间开始提升品牌在平台的声量，并明确各个重要节点，将整个铺量过程划分成多个阶段，分别设置阶段性目标，按部就班地进行日常铺量，在购物节等重要节点加大投放力度，提高内容质量，增加资源投入。

b.具体规划。品牌在制定具体规划时需要明确各项相关信息，如投放内容、投放时间、投放数量、投放类型分布、关键词等，并同步推进规划表设计和信息流投放两项任务，同时也可以在多个平台发起营销，通过多个平台的联动来获取更好的投放效果，在最大限度上提升投放效益。

除此之外，品牌还可以通过短语匹配、智能匹配等方式提高品牌曝光量，借助核心词来提升自然位，对词组进行细化处理，对关键词进行优化，提高投资回报率。

▶ ③投放预算分配

a.笔记投放逻辑。在笔记投放前，品牌需要在确保笔记合规的基础上对笔记进行搜索广告试投放，并在试投放的过程中对这些笔记进行筛选。一般来说，对于点击率超过5%的笔记，品牌可以对其进行信息流广告投放。在试投放过程中，若投放信息流的笔记的点击率降至2%，品牌将不再对该笔记进行按点击付费投放，即 CPC（Cost Per Clicks，单次点击成本）投放；若该笔记在搜索界面的点击率降至 4% 以下，品牌同样会停止 CPC 投放；若笔记在搜索界面的点击率超过 5.5%，那么则说明该笔记为优质笔记，品牌可以继续对其进行投放。

b. 稳定期的 CPC 投放建议。品牌需要从试投放的笔记中选出数篇优质笔记进行投放，并以轮流投放的方式来避免出现过多的重复曝光，同时对这些优质笔记的数据进行实时监控，并综合考虑点击率和互动成本等多项因素对投放笔记的选择方案进行调整。

具体来说，对于信息流点击率超过 3.5% 的笔记，品牌应将其划分到优质素材的类别当中，并继续进行投放；对于信息流点击率不足 2% 的笔记，品牌则要停止投放。除此之外，互动成本也是品牌判断是否投放的重要指标，搜索 + 信息流互动成本不超过 10 元的笔记通常会被划分到优质素材的类别当中，并继续获得投放；搜索 + 信息流互动成本超出 13 元的笔记通常不会得到品牌的投放。

c. 素材分配。在预热期，品牌需要全方位了解账户信息，以便有针对性地对笔记进行完善和调整，对素材内容进行优化测试。在投放过程中，品牌可以对部分优质笔记进行测试，并通过一些中小达人的账号进行投放，做好营销前期的铺垫工作。

在爆发期，品牌需要优化已经筛选出的素材内容，并对素材进行进一步补充和完善，扩大素材量，以便在活动期间与头部达人展开合作，通过大量投放来大幅提高品牌曝光度。

在稳定期，品牌需要对重复曝光次数过多的素材进行删减，并增加新素材，利用新素材和优质笔记继续维持品牌曝光度。

优化妙方集：信息流投放升级技巧

为了获得更好的广告效果，品牌在通过小红书平台进行信息流广告投放时可以采取以下几项措施，如图 6-11 所示。

▶ ①投放数据监控

品牌需要监控投放数据，实时掌握实际推广情况，并据此对物料和出价进行合理调整，也可以在前期投放过程中对各项数据进行深入分析，以便在最大限度上优化投放策略。

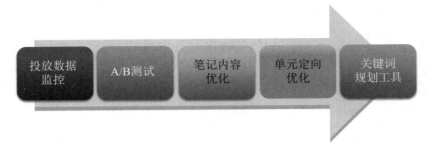

图 6-11　信息流广告投放的优化方法

▶ ② A/B 测试

A/B 测试指的是对比目标相同的两项方案的效果数据，并衡量两项方案的有效性。在 A/B 测试过程中，品牌需要做好以下几项工作。

- 在开始进行 A/B 测试之前，品牌需要先设置基准线，确定测试目标值。
- 在进行 A/B 测试时，品牌需要确保每次测试只有一个变量。
- 在进行 A/B 测试时，品牌需要用事实说话，避免犯经验主义错误。
- 在完成 A/B 测试之后，品牌需要确保结论的正确性，不在未达到置信水平的情况下随意下定结论。

▶ ③笔记内容优化

品牌应以贴合产品、吸引用户和引起共鸣为原则对笔记内容进行优化，确保笔记投放能够带来良好的推广效果。

▶ ④单元定向优化

为了保证广告投放效果，在制定推广投放策略时，品牌应防止出现以下几类问题。

a. 投放范围过窄。品牌应关注定向投放范围，避免出现兴趣定向选定范围较小、地域定向选定范围较小或只选中基础定向等问题。

b. 投放范围过宽。品牌应关注投放的时段和领域，避免出现全时段投放和垂直行业人群通投等问题，提高投放的精准度。

c. 投放范围交叉。品牌应关注投放的定向类型，避免出现定向投放范围交叉等问题，减少营销资源浪费。

d. 同账户投放计划重叠。品牌应把握好同一账户中的笔记投放在定向方面的相似性，避免出现内部竞争严重的问题。

▶ ⑤关键词规划工具

品牌需要根据自身产品特色选择相应的推荐关键词、搜索关键词和行业黑马词，并确保投放价格的合理性和性价比，以便在最大限度上优化搜索广告的展示效果，获得更多用户搜索流量。为了提高自身对用户的吸引力，品牌需要选用新颖的广告创意，突出展示产品亮点，利用优秀的创意来抓住用户眼球。

效果量化表：广告评估指标解读

在完成投放任务后，品牌还需要了解投放效果，并从以下两个方面入手对投放情况进行复盘。

▶ ①种草阶段：转化成本判断

a. CPM：千人成本。CPM 就是以 1000 人为成本计算单位的广告费用。在小红书平台中，CPM 是指曝光数达到 1000 人时的 KOL 投放成本。品牌可以根据CPM 来评估小红书推广曝光的触达效果，同时也可以采集和分析小红书平台内容互动量、营销性目标关键词的实际作用等信息，并据此优化投放方案和营销策略。不仅如此，为了进一步提高用户转化率，品牌还可以了解产品的复购情况，计算种草内容的搜索权重，并提高转化链路的可行性和多样性。

CPM 的计算公式为：CPM＝（广告费用 ÷ 到达人数）×1000

小红书平台的 CPM 计算公式为：CPM＝（KOL 报价 ÷ 曝光数）×1000

b. CPC：点击成本。CPC 指的是单位点击次数所需投入的成本。在小红书平台中，部分商业流量信息流存在一定的 CPC 指标，若品牌投流涉及这部分流量，就要在信息流后台中获取这些流量的 CPC 数据，并在营销过程中将 CPC 指标考虑在内，采取一定手段对 CPC 进行优化。

CPC 的计算公式为：CPC＝KOL 报价 ÷ 阅读数

c. CPE：单次参与成本。CPE 指的是品牌与用户之间进行有效互动所花费的成本，主要与互动数有关。在小红书平台中，互动数由笔记的点赞数、收藏数和评论数构成。具体来说，单人互动成本就是总费用除以互动数的商。

CPE 的计算公式为：CPE＝KOL 报价 ÷ 互动数

▶ ②拔草阶段：转化效果判断

a. CTR：点击通过率。点击通过率（Click-Through-Rate）也称点击到达率，是品牌衡量广告质量的重要指标。公开数据显示，当前互联网广告的整体点击通过率大约为 10%，品牌在营销时可以以这一数据为参考。

CTR 的计算公式为：CTR= 实际点击次数 ÷ 广告展现量

b. Vol：互动率。互动率指的是在社交媒体平台上用户与某个内容进行互动的比例，主要与互动量和浏览量有关。在小红书平台中，互动量主要由点赞数、收藏数和评论数构成，品牌可以根据互动率来衡量笔记的交互情况。

Vol 的计算公式为：Vol=（点赞数 + 收藏数 + 评论数）÷ 浏览量

c. 爆文率。爆文率指的是爆文数在单次投放的所有内容中的占比，良好的爆文率既能为品牌带来更多自然流量，也能实现对内容逻辑的验证。具体来说，一方面，爆文可以获得更好的搜索词占位和发现页面站位，在为品牌带来大量自然流量的同时还能够发挥长尾效应，部分爆款文章甚至能将营销范围从小红书平台拓展到其他平台；另一方面，爆文可以在一定程度上证明品牌的笔记内容逻辑的正确性和有效性，在营销过程中，品牌可以将爆文的内容选题重复用到不同的平台当中，进一步扩大营销范围。

爆文率的计算公式为：爆文率＝爆文数 ÷ 单次投放笔记总数

d. 投后的自然流量增长比例。自然流量指的是无须付费即可获得的流量，也是平台用户自发搜索和浏览产生的流量。自然流量的增长比例能够反映出投放后的心智流量。一般来说，自然流量的增长主要有以下两个原因。

- 普通用户在购买产品后对产品的满意度较高，并在平台中进行分享。
- 博主认为产品具有一定的话题度，发布产品相关笔记，且笔记成为爆文。

e. 内容整体报备率。小红书平台中具有扣分机制，一般来说，当品牌发布的软广笔记和报备笔记的比例为 1：10 时，报备率符合小红书的要求，平台不会进行扣分处理，但若品牌在投放时的整体报备率达不到 1：10，那么可能会面临被扣分的风险。

6.3 复盘迭代

经验沉淀术：投放效果有效评估

若要在小红书平台中实现有效投放，品牌既要根据品牌特色产出高质量的营销内容，也要针对自身实际情况灵活应用各类广告工具，提高营销的高效性和精准度。除此之外，品牌还要对营销情况进行复盘，找出营销过程中的优点和不足，并在此基础上进一步优化营销策略。

► ①投放效果梳理

为了有效抢占用户心智，品牌在小红书平台中进行营销时不仅要定位目标用户群体，提升自身对用户的吸引力，还要通过投放来提高品牌产品声量，在整个用户群体中获得更好的口碑。

一般来说，在评估投放效果方面，品牌可以参考的投放指标主要包括声量型指标、ROI 型指标、线索型指标等。针对不同诉求的品牌，在不同的营销阶段可以参考以下指标，如图 6-12 所示。

► ②投放效果判断

品牌在评估过程中可以广泛采集行业大盘均值、同行相近水平的品牌情况、自身历史投放情况等各项相关信息，并对这些信息进行分析，以实际分析结果为依据进一步对数据指标的表现情况进行评估。

此外，品牌需要先了解产品在投放前和投放后的各项相关数据，并对数据变化情况进行分析。若品牌或产品具有较大的量级，品牌还需在投放较为稳定的情况下掌握广告数据和声量数据的变化趋势，分析二者之间的一致性和相关性，并在此基础上实现对投放效果的有效评估。

► ③投放经验沉淀

为了顺利完成后续投放工作，品牌在投放时需要积累投放经验，并对各项行之有效的投放方法进行复用。从实际操作上来看，品牌需要比对自身制定的投放方案和实际营销结果，找出方案落地过程中出现的各类问题和有效的运营方法，并解决各项问题，在后续投放中对各项有效的运营方法进行应用。

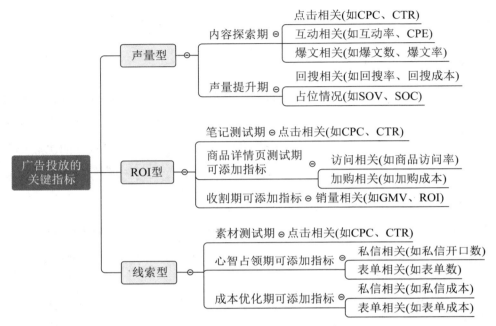

图 6-12　广告投放的关键指标

a. 投放策略回顾。品牌需要多维度回顾投放策略，对投放节奏、信息流分配和搜索预算分配等多项相关内容进行分析，并根据实际投放效果进一步探索投放策略优化方法，以便对投放策略进行优化。

b. 信息流、搜索优化经验总结。品牌需要绘制和分析各项投放效果指标数据的变化曲线，如 CTR 曲线、CPC 曲线等，回顾各个营销阶段所采取的优化动作，对信息流和搜索方面的有效经验进行总结归纳，进一步把握优质人群定向、优质核心词、适配的优质素材以及适配的承接素材的特点，提高价格的合理性。

c. 用户资产沉淀。品牌需要广泛采集各项投放数据以及品牌现状和品牌需求等信息，绘制品牌核心粉丝画像，并将核心粉丝作为营销投放的重点触达对象，同时进一步挖掘潜在用户群，以便进一步扩大投放范围，通过投放实现破圈。

案例：某酒水品牌投放复盘亮点

某酒水品牌在小红书中进行投放时打造出了许多爆文，并凭借投放提高了声量方向与品牌定位之间的一致性，增强了产品的影响力，有效宣传了品牌的核心价值观，大幅提升了产品声量，实现了品牌产品口碑的沉淀。

从常规指标上来看，CPE 低于大盘均值且稳定性较强，能够帮助品牌降低互动成本。在投放过程中，该酒水品牌充分发挥全网各个触点的作用，从不同维度对小红书在提高品牌产品声量和口碑沉淀方面的作用进行验证。具体来说，该酒水品牌在投放过程中设置"拐点"，并据此判断小红书的投放效果，小红书平台的投放与其他平台的搜索情况在变化趋势上保持一致，这说明小红书在提高品牌产品声量方面发挥着一定作用。除此之外，该酒水品牌还会通过小红书平台中的评论来验证口碑沉淀价值，在其他平台中购入产品的消费者也会到小红书平台中进行评论，这说明小红书平台具有良好的口碑沉淀作用。品牌也可以根据评论中所传达的信息进行复盘。

笔记焕新计：驱动内容优化升级

在小红书平台中进行营销投放时，品牌应根据自身特点发布相应的高质量笔记。从实际操作上来看，品牌需要根据具体投放策略分析笔记内容创作方向，明确笔记表达形式，并针对前期策略打造达人矩阵，确定产品卖点类型，以便进一步调整内容策略方向，实现投放策略中的笔记内容的优化升级。

内容复盘的主体是内容的创作者，即达人。内容复盘相对来说更偏主观。在进行复盘时，达人需要对所创作的内容进行全盘审视，从对产品卖点的突出程度、内容所获得的用户反馈、所发布内容的整体质量、内容与图片的适配度、内容下用户的互动情况等方面进行总结复盘。优质的内容往往都有价值、有吸引力且能达到较好的植入效果，让受众阅读后能够对产品产生较强的兴趣与购买意愿。此外，好的内容也能更好地引起用户的共鸣，具有较好的互动效果和较强的传播能力。

在对单篇笔记进行分析的过程中，品牌可以从多个维度入手，如笔记类型、笔记封面、笔记标题、笔记正文等，并在此基础上总结笔记创作经验，反思笔记创作中存在的问题，明确笔记优化方向，探索笔记优化方法。

除此之外，在复盘笔记内容的过程中，品牌还需综合分析各项相关数据，如CTR、CPE 等，并对评论区中的内容进行分析，增加对用户心智的了解，以便明确爆文的内容创作方向、产品最受欢迎的卖点和待优化部分，同时也要借助高频复盘来找准内容定位，以便后续打造出更多爆文。

赛道展望镜：把握未来市场机遇

为了实现有效复盘，品牌要扩大视线范围，把握整个平台及赛道的最新趋势，深入挖掘用户的最新需求，探索产品的潜在机会，并对后续营销方向进行科学合理的规划和安排。

▶ ①赛道趋势分析

品牌应系统化分析自身所处赛道的发展趋势和竞争格局，并根据分析结果制定相应的营销策略。

从社区原生的角度上来看，在了解同类产品的用户需求变化情况和内容讨论热度时，品牌可以从用户主动搜索和相关笔记发布两个方面来对各项相关数据和信息进行分析。

从商业竞争的角度上来看，品牌可以采集和分析整个赛道中的在投品牌数量和广告成本等数据，并找出广告成本低、在投品牌少的市场空白区域，抢占在这一领域进行营销投放的先机，同时也要增强自身在广告成本低且在投品牌多的领域中的竞争力。

▶ ②赛道机会洞察

品牌可以在把握赛道发展趋势和了解赛道竞争格局的基础上，利用各类数据工具实现对赛道机会的精细化洞察。

具体来说，品牌可以通过对赛道 TOP 搜索词的分析进一步了解赛道现状，明确潜力营销卖点；通过对关键词搜索上下游词的分析来了解用户搜索路径和具体消费场景，深入挖掘用户需求；通过对赛道中的各篇相关笔记和笔记评论区中的内容的分析来把握当前热点，并从中获得笔记创作灵感，找出笔记中存在的不足，以便为后续笔记内容的优化提供支持。

例如，某母婴品牌在赛道分析的过程中实现了赛道机会洞察，并在此基础上找到了新赛道，获得了更多发展机会。具体来说，该母婴品牌在对某一单品进行投放后展开赛道分析工作，并在分析过程中发现待产包赛道具有较高的用户需求、搜索热度和广告商数量，由于自身产品种类多样，但在待产包这一赛道的布局稍显落后，具有较大发展空间，因此在小红书平台中进行投放时选择主推待产包。

不仅如此，该母婴品牌还深入挖掘待产包赛道的用户需求，通过搜索发现子品类词的露出频率远高于品牌词，并由此分析出用户在选购待产包时注意力较为分散且对具体品牌的关注度较低，进而得出待产包赛道的用户心智尚未被占的结论，并积极着手在该赛道布局。

与此同时，该母婴品牌还分析了待产包相关笔记中的评论，并在分析中发现，当前大多数笔记十分相似，且未能有效解决用户选购困难的问题，因此在投放过程中，该母婴品牌针对用户需求来营销产品卖点，提出"待产生娃一套就够"的口号，借助该口号来增强产品记忆点，并充分发挥背书优势，加快抢占待产包赛道用户心智的速度。

除此之外，在完成前期投放后，该母婴品牌还通过赛道分析和机会洞察找出了投放中存在的问题，并对有效经验进行了总结归纳，为自身后续的营销投放提供一定的指导，以便快速抢占用户心智，提高品牌产品声量。

后续营销策略：实现投放策略升级

在完成以上三项工作后，品牌可以从以下三个方面入手制定后续营销策略，如图 6-13 所示。

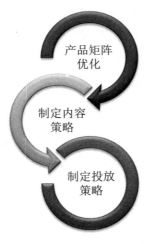

图 6-13　制定后续营销策略

▶ ①产品矩阵优化

一般来说，随着营销工作的持续推进，品牌所投放产品的营销阶段已然改变，为了保证后续营销的有效性，品牌需要充分了解各产品现状，并在此基础上制定后续营销策略。

在单品投放方面，品牌应对产品的营销现状进行全方位评估，找准后续营销重点，并了解产品当前所处赛道的热门趋势，提出相应的产品线扩充建议，进一步扩大营销投放范围。

在多品投放方面，品牌应对产品的前期投放情况进行全面分析，把握各产品的实际定位，如爆品、潜力产品、长尾产品等，再针对各产品的具体营销目标制定营销策略。

▶ ②制定内容策略

在营销后期策略规划工作中，品牌需要从产品卖点、核心人群、适配场景、内容方向和创作者五个方向入手，重新组合各项基本内容要素，并根据自身预算和营销目标制定相应的营销策略，确保达人投放规模符合自身实际情况。

▶ ③制定投放策略

品牌需要充分发挥各类广告工具的作用，提高自身营销效率。从营销策略上来看，品牌可以借助前期投放经验来确定下一阶段的产品营销定位和核心指标，将下一阶段中的重大活动作为关注的重点，并在活动期间加强对营销节奏的控制，同时合理调配各项营销资源，提高营销触达的精准性和全面性。

第 7 章

案例实践：
多行业小红书营销实战秀

7.1 美妆战场

组合拳出击：内容营销多元策略

随着消费结构升级，消费者的审美观念与悦己意识增强，进一步刺激了美妆行业的发展，而有关"变美"的话题也成为各个新媒体平台的热点，这使得美妆行业与新媒体之间的交互日渐深刻。这种交互一方面增强了美妆行业的话题覆盖率，扩大了其影响力；另一方面也丰富了新媒体平台的话题资源，推动了新媒体平台内容向用户生活的进一步延展。二者的良性互动形成了一种共赢的局面。

▶ ①新媒体时代的美妆品牌营销

首先，新媒体平台为美妆品牌提供了营销宣传的阵地，美妆品牌可以不断通过新媒体平台获取销售线索。当前，消费已从"产品中心时代"转向"用户中心时代"，与用户需求的吻合度成为产品销量提升的关键，社交媒体则为美妆品牌提供了一种与消费者高效互动、快速获取消费者需求信息的渠道。此外，社交平台上的内容推广、达人合作等也丰富了品牌推广的形式，能够更好地使品牌产品精准地触达目标用户群，提升价值转化率。

其次，美妆行业为新媒体行业提供了更多的话题资源，在借助新媒体实现自身宣传推广的同时也推动了新媒体行业更加贴近用户生活，为新媒体平台吸引到了更多流量。众所周知，话题和内容是新媒体平台进行运营、吸引用户的关键，而"变美"则是当下新媒体用户集体关注的一个话题，通过在内容上与现实生活中的美妆品牌建立连接，能够提升新媒体平台内容的价值和实用性，推动了平台用户活跃度的提升。

最后，新媒体与美妆行业在不断相互作用中推动着彼此的繁荣。新媒体通过内容的输出更好地将美妆产品的理念、价值、形象传达给消费者，帮助其建立起良好的口碑；同时，新媒体平台上形成的新的生活方式、新的消费风潮最终以用户消费行为的方式进行显现，而随着新媒体平台的个性化程度不断提升，也带动了美妆行业产品的细化升级。而美妆行业则通过源源不断的新产品、新理念为新媒体平台输送热点话题资源，为新媒体平台上各种内容创造现实场景，让新媒体平台与用户生活建立更深刻的连接。

▶ ②高效种草 = 优质内容 + 海量流量

当前，小红书通过"种草"功能在众多的新媒体平台中脱颖而出。根据用户反馈，很多用户参照小红书上的关键词搜索结果或"好物推荐"清单进行消费决策，可以说，"种草"已经成为小红书的核心使用场景之一。而随着小红书用户数量的不断增加，社交网络更加复杂，"种草"功能对用户消费选择、消费行为的渗透也愈加深入。

小红书平台完美地兼顾了用户的主观需求与平台的客观资源提供，通过搜索功能，平台充分尊重用户的主体选择，让搜索结果帮助用户更好地定位到需要的产品；而在借助大数据对用户行为偏好信息进行搜集的基础上对用户进行针对性的内容推送，则能够让用户在信息浏览中获取有价值的信息，同时也提升了平台已有内容的曝光度。

因此，"种草"是在小红书平台上进行有效营销的"金钥匙"，那么应如何实现高效种草呢？答案是优质内容 + 海量流量。内容是小红书上各类价值的载体，也是直接与用户交互的要素，而流量则是帮助内容进行价值实现的关键，好内容吸引高流量，高流量帮助其实现内容到爆文的转化，在二者的动态互动中实现高效种草。

小红书内容营销组合策略能够有效解决内容营销过程中的三大痛点。

- 成本优化：达人合作报价与影响力成正比，好的营销效果需要更高的成本。
- 确定性：单篇笔记的作用时间较短，且自然流量的转化效果有待提升。
- 精确性：指的是如何实现对核心用户群的精准触达。

通过内容营销组合，更好地形成营销方式之间的互补效应，即通过商业流量更好地提升内容曝光度，实现流量"滚雪球"，延长笔记作用时间，提升流量平稳性；爆文则主要作用于站内自然流量，以其强感染力、高辐射力推动自然流量转化。商业流量实现精准定向触达，DMP 数据管理平台则根据用户活动构建用户个性化档案，实现大批量内容精准推送。

爆款进化论：基于品牌周期策划

小红书兼具社交和电商的双重属性，在数字化营销成为潮流的当下，被一众美妆品牌视为重要的宣传和营销阵地。用户在小红书上发布购物体验，分享自己的生活方式。同时品牌方也在小红书上进行产品种草，借此传播产品口碑，进而实现销售额的增长。在小红书营销过程中，爆款笔记所发挥的作用非常关键，它能够迅速积攒起高热度，大幅提升传播效率，是提高品牌知名度和市占率的利器。

对于美妆品牌来说，应该基于品牌的生命周期制定爆款策略，如图7-1所示。

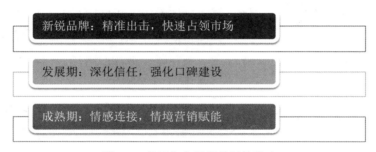

图 7-1 基于生命周期的爆款策略

▶ ①新锐品牌：精准出击，快速占领市场

新品期营销主要通过优质内容布局为爆文打造进行铺垫。此阶段由于新品知名度与关注度较低，主要任务是短时间内快速提升知名度，在消费者群体中形成需求与产品关联。因此需要从"量"入手，将信息流大范围曝光作为预算配置的主体方向。

a. 标题策略。用户在小红书上阅读笔记时，会通过笔记标题形成对笔记乃至产品的第一印象，因此新锐美妆品牌需重视标题的作用。笔记的标题应做到简洁、具备一定的冲击力，并且能够明确地表达出产品的特点和功效。为了吸引更多用户的关注，提高笔记点击率，可在标题中加入热门词汇，或是使用疑问句、双关语等各种形式。

b. 封面设计。在进行封面设计时，新锐品牌需尽量保证原创，同时体现出设计的差异化。封面内容可以是产品清晰的特写或使用效果图，也可以是精致的手绘插图，通过巧妙的封面设计吸引更多用户的注意。此外，文案和色彩搭配也是封面设计的重要组成部分，文案应做到明快、有记忆点，色彩搭配应能够给人以视觉上的享受。

c.内容策划。新锐品牌的内容应当包含产品的详细信息，包括功效、使用方法、注意事项等。同时，可以在内容中加入对品牌的介绍，包括品牌的发展历程、产品研发的幕后故事等，让用户对品牌有更深的了解。另外，实际的使用体验也是内容的一部分，此类内容可由种子用户或 KOC 来发布，通过图文或视频的方式展示产品的使用教程，用真实的体验赢得消费者的信任。

▶ ②发展期：深化信任，强化口碑建设

发展期主要是借助高质量内容实现用户的高效转化，保持产品关注度。由于该阶段产品已经获得一定规模的曝光度，优质内容已经开始进行人群渗透，需要进一步提升对用户心智的影响能力，推动价值转化，同时保证热度持续。因此在策略上应锁定爆文进行流量集中投放，在搜索词布局中将品类词与品牌词作为主体。

a.标题策略。对于发展中的品牌而言，内容的标题上应当体现品牌现阶段具备的实力以及所取得的成就，比如品牌所获奖项、品牌所完成的销量，以及品牌的使用效果等。

b.封面设计。发展中品牌的内容封面应体现出产品的品质，为此可展示产品的研发环境、研发过程中的画面，以及专业人士所提供的推荐证书等。此外，封面还应直观地展现产品的功效，为此可以将用户在使用产品前后的对比图作为封面内容。

c.内容策划。发展中品牌的内容应当具备一定的深度，品牌方可发布产品的深度测评报告，以专业机构的可靠检测数据为支撑，详细分析产品的技术原理和功效。同时，品牌方可密切关注用户的反馈和评价，从中选出具备代表性的积极评价以及说服力较强的真实使用案例，通过分享评价和案例传播品牌口碑。以优质内容为基础，品牌方可采用限时优惠等方式促进购买行为的转化，并通过用户的分享和传播提升品牌的影响力。

▶ ③成熟期：情感连接，情境营销赋能

成熟期主要是通过爆品打造占领流量高地，实现对泛人群的高效转化，同

时通过产品升级吸引用户复购。该阶段产品已占有较大的市场份额，用户增长空间减小，现有影响力及曝光度维持成本较高，因此需要通过产品创新实现二次增长，同时借助爆款产品拉取新用户。在策略上将资源集中于头部 KOL，通过爆款打造实现关注度、口碑的攀升，辐射泛人群，实现拓新。

通过 KFS 内容组合营销策略，能够实现内容搜索与内容推送的同步投放，通过高效种草影响用户决策心智。

美妆行业与新媒体之间所形成的互惠共赢关系，既为品牌提供了进行高效营销的平台和多样化的营销选择，又为平台输送了更多优质的话题资源，同时也推动新的审美思潮、生活方式对消费者进行引领，使得消费者需求满足的颗粒度不断细化，带给其更美好的生活和消费体验。

a. 标题策略。成熟品牌的实力以及产品功效已被较多的消费者所熟知，因此他们的标题更侧重情感化和情景化，通过感性的语言讲述品牌故事，以引起消费者情感上的共鸣。

b. 封面设计。成熟品牌的封面设计以品牌文化和美学追求为主要表现对象。在成熟品牌的封面中，产品将与生活场景融合在一起，成为人们情感的寄托，比如浪漫约会、家庭团聚等场景都可以在封面上出现。

c. 内容策划。成熟品牌发布的内容主要包括品牌故事以及品牌所奉行的生活方式，比如品牌创始人的早年经历、品牌发展过程中所经历的曲折、品牌的价值观以及践行价值观所开展的社会活动等。通过这些内容，用户将更深刻地体会到品牌的人文精神，从情感上对品牌产生认同。

引流精细化：运营与转化的艺术

▶ ①内容运营策略

对于美妆品牌来说，在内容运营方面可以采取以下几种策略类型，如图 7-2所示。

a. 产品介绍与测评类内容。采用图表或动图等直观的表现形式，对产品进行详细介绍，分析产品的各项功能以及各种特性，并与同类产品进行对比测评，使用户能够较为全面地了解产品。围绕产品的行动召唤按钮（Call to Action，CTA）设置应做到合理，CTA 按钮包括"提交订单""领券下单"等与购买有关的选项，也支持一系列互动操作，如点赞、分享等。

图 7-2　美妆品牌的内容运营策略

b. 场景定制类内容。对产品使用人群和使用场景进行细分，根据人群和场景的不同，产品的使用方式会有所差异，比如在工作日室内场景和周末室外场景使用产品时，需分别采用不同的方式。品牌方可以鼓励用户以照片或视频的方式分享自己的产品使用心得，包括在不同场景下的产品使用经验，起到扩充品牌内容的作用。

c. 情绪共鸣类内容。这类内容的创作者使用第一人称展开叙述，分享个人与品牌及产品之间发生过的真实故事，表达自己对品牌的情感，引起阅读者的情绪共鸣。品牌方可开展主题活动，与用户进行合作，共同创作情绪共鸣类内容，展现品牌为用户生活带来的改变以及品牌对于用户的意义，通过表现品牌人文关怀树立品牌形象。

d. 无厘头创意内容。在进行这类内容的创作时，要察觉并利用当下的流行元素，可以与讨论度较高的文娱产品或热点事件进行联动，产出趣味内容，发布限定版产品。也可在无厘头创意内容中加入表情包、动图等有趣的素材，推动内容在用户间迅速传播，从而扩大品牌影响，使用户对品牌产生深刻的印象。

▶ ②平台引流技巧

a. 视频内容关键词优化与内部标签。在小红书采用 SEO 策略，通过多种手段提升品牌在搜索结果中的排名，如使用合适的视频标题、对关键词进行优化等。有效运用内置于平台的标签系统，挑选有助于传播的热门标签，设置恰当的品牌自定义标签，提升内容的曝光率，取得更多用户的关注。

b. 精细化评论区运营。关注品牌官方账号及合作 KOL 账号下的评论，了解用户的反馈信息，据此进行产品的优化。对于用户在评论中提出的问题或表达的顾虑，应予以及时回复。品牌方可主动发起讨论，征求用户的意见，讨论的话题可以是"产品最实用的一项功能"或"未来对于产品的期待"，用户参与讨论可以扩大内容的传播范围。

c.博主互动策略。与影响力较大的博主和 KOL 建立合作关系，通过共同发起直播、内容共创等方式更深入地参与到平台的社交活动中。利用博主和 KOL 的影响力和粉丝群体，在评论区与用户开展互动，通过回答用户问题、提供抽奖服务等多种手段为品牌官方账号引流，吸引更多用户的关注。

私域变现潮：私域流量价值挖掘

出于保护平台内流量资源的需要，小红书对站外引流行为进行了一定的限制。不过，仍有部分引流策略得到了验证，使用这些策略并不违反规则。因此，小红书上的许多美妆商家采用多种方式实现了合规引流，下面我们将具体介绍一些私域引流的方法，如图 7-3 所示。

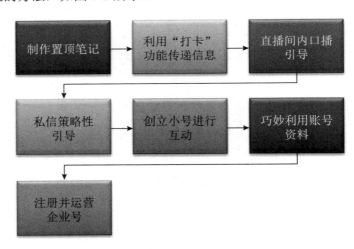

图 7-3　美妆品牌的私域引流策略

▶ ①制作置顶笔记

当账号收到的私信过多时，就会出现账号受限的情况，为解决这一问题，商家可专门发布一篇含有自己联系方式的笔记，并将笔记置顶。系统不会推荐带有联系方式的笔记，但这并不妨碍进入商家主页的用户第一眼看到置顶内容。如果用户有需求，会凭借联系方式与商家取得联系。另外，在置顶笔记中，商家还可说明用户与自己取得联系后所能获得的优惠，并对产品进行介绍，从而将用户引入私域，实现私域引流。

▶ ②利用"打卡"功能传递信息

小红书有"打卡"功能，商家可对打卡进行自定义设置，从而通过打卡内容展示引导信息。不过商家要注意打卡内容的发布频率，如果频率过高就有可能被平台监测到。

▶ ③直播间内口播引导

小红书有直播功能，其主要用途是前期种草，而不是直接向观众销售商品。一方面，商家可以利用直播间口播将观众引入私域，比如提示观众通过私信的方式与商家联系，由此获得专属福利。另一方面，商家可以通过微信群等方式发布直播信息，引导用户参与直播，反过来将私域流量引向直播间。

▶ ④私信策略性引导

在通过私信进行私域引流时，商家应注意私信发送的频率。如果短时间内发送私信过多且私信内容一致，系统就会判定存在营销推广行为，并对商家实施处罚。在发送私信时，商家最好保持两条信息的时间间隔不少于 5 分钟，同时可以考虑使用文字之外的其他信息传递方式。

▶ ⑤创立小号进行互动

使用官方账号进行引流往往要面临不小的风险，有可能导致账号被封禁。为此，商家可以创建一个专门用于引流的小号，以降低引流可能带来的损失。小号的名称应与官方账号相近，在热门笔记下向用户提供联系方式以进行私域引流，同时官方账号也可以收藏这类笔记以扩大其传播范围。

▶ ⑥巧妙利用账号资料

商家可以将自己的微信号等联系方式隐晦地体现在小红书的昵称中，比如可以直接将微信号用作小红书昵称，而不要使用"VX"等指代较为明确的字样。同时修改小红书账号昵称的机会只有一次，在修改前应慎重考虑。另外，小红书允许在个人简介中展示邮箱地址，商家可以在邮箱的自动回复内容中加入自己的联系方式，不过在此过程中仍需注意不要违反平台规则，不采用直接引导的方式。

▶ ⑦注册并运营企业号

商家可注册小红书企业号，并完成企业号的认证，以此在引流方面获得更多的便利。平台支持企业号绑定地址、电话等信息，商家可借此实现线下引流。此外，企业号能够对私信进行自动回复，也可以进行私信的群发，商家可借助这些功能向用户提供联系方式，从而将更多的用户引入私域。

节点口碑战：强化品牌口碑攻略

随着美妆市场的竞争日益激烈，如何有效地创造需求、抓住需求实现价值收割成为各个品牌的核心关注点。"6·18"和"双11"作为全民化的电商节日，让商家们得以通过促销实现快速的产品价值变现，而拥有庞大用户群、具备完善营销推广服务功能的小红书则是商家进行促销的主阵地之一。在这两个促销时间点，通过推广内容的大量投放为品牌赢得高话题度，充分激发消费者的购买潜力，成为品牌和企业的主要目标。

首先，作为一个以"种草"为基础的社交平台，小红书通过庞大而复杂的用户网络以及具有高活跃度的用户互动实现品牌对消费者的触达，借助口碑效应帮助品牌进行影响扩散。同时，平台这种基于社交共享与生活记录的产品推广方式具有更强的说服力，对用户来说接受度更高。而用户在平台上进行浏览、互动等行为所产生的数据则包含着大量销售线索，让品牌能够获得更多的用户需求信息。

其次，小红书作为一个社交电商平台，其"发于生活又引领生活"的内容生产机制、自带的高话题度能够更好地通过新风尚的推行帮助美妆品牌进行应用场景宣传，从而影响用户的消费行为，而用户在消费过程中的体验又为内容创作提供了新的资源，在内容、品牌、消费者形成的良性循环中不断帮助品牌进行持续的价值转化。

最后，小红书上品牌、达人、素人用户所形成的良好内容分享氛围，在帮助品牌进行产品曝光、提升价值转化率的同时也牵引着品牌顺应新的消费趋势，向着年轻化、时尚化、个性化方向发展。平台为品牌提供了近距离与消费者进行互动的机会，从而也让新形势下处在消费中心的用户更好地发挥其主导作用，让品牌在对用户需求的满足中实现产品和服务升级。

综上所述，作为集内容创作、生活分享、消费决策辅助等多种功能为一体的社交电商平台，小红书上庞大的用户群、高效的种草功能、新颖的推广模式都为美妆品牌带来了更多新的机遇。美妆品牌需要充分抓住这一契机，顺应平台特点进行高质量的内容产出、打造具有辨识度的品牌形象，以此获取消费者的高关注度与高认可度，更好地推动品牌影响力的提升。

7.2　母婴天地

精准画像术：用户特征深度洞察

小红书平台是一个在属性上偏女性的内容社区，能够吸引女性用户分享和种草各类好物。如新手妈妈可以通过小红书平台种草各类母婴产品，也可以发布小红书笔记分享自己的备孕过程和养娃体验。现阶段，红色小象、袋鼠妈妈等许多母婴品牌已经开始在小红书平台进行营销布局，力图通过在小红书平台的营销来获得更多客户，提升产品销量，进而达到种草的目的。

对母婴用户来说，通过小红书进行搜索是为了获取有用的产品信息、解决自身遇到的问题以及满足自身所需。对母婴品牌来说，应充分利用母婴用户的求种草心理，借助高品质的产品和高质量的营销内容吸引用户，在评论区积极与用户进行交流，以便实现有效种草。

小红书不仅具有独特的种草文化，还具备母婴生态社区优势，母婴用户可以通过小红书平台进行分享和互助，且母婴用户在小红书中所分享的内容涉及衣食住行等多个方面，包含备孕、怀孕、育儿等所有阶段。由此可见，小红书相当于有娃家庭的育儿百科全书，能够为用户搜索自身所需的母婴类信息提供方便。

首先，母婴用户在小红书平台的日常分享可以引发连锁反应，带动其他母婴用户在评论区跟帖。例如，当宝妈在小红书中分享棉柔巾浸泡金银花水湿敷缓解宝宝湿疹的内容时，笔记的评论区中会出现许多其他宝妈跟帖和分享。

其次，母婴用户可以在遇到困难时在小红书平台中发布求助帖，获取其他母婴用户的帮助。例如，当宝妈遇到宝宝腹泻、辅食等方面的难题时，可以通过求助帖向其他宝妈求助，其他宝妈则会在评论区中回复解决办法。

最后，母婴用户可以在小红书平台抒发自身情绪，分享自身在孕期、产后和育儿过程中的体验，从而防止出现产后抑郁等情绪问题。

▶ ①用户特征与标签划分

许多母婴用户是小红书平台的老用户，在成为妈妈之前就已经在使用小红书来记录和分享生活，因此，对母婴用户来说，小红书不仅能够作为母婴垂直类工具，也可以继续用于记录自身的孕期生活和育儿生活。

处于不同时期的宝妈的重点关注内容通常存在一定差别。从站内搜索量上来看，处于孕早期的宝妈更加关注自身的身心健康状况，会在小红书中搜索孕妇照、孕期穿搭、孕期瑜伽、孕期化妆等内容；0～6个月的新手妈妈更加关注育儿问题，常在小红书中搜索新生儿护理、纸尿裤、奶粉等内容，试图通过搜索来获取相关信息，解决自身在育儿过程中遇到的难题。

根据小红书的母婴用户画像可知，大多数母婴用户为高知高收入的年轻女性，具有一定的经济能力。具体来说，这些母婴用户可以根据标签划分成以下几种类型，如表7-1所示。

表7-1　母婴用户的标签类型

标签类型	具体内容
潮流辣妈	这类母婴用户大多重点关注小红书中的最新生活趋势，如爆火的多巴胺穿搭等，部分辣妈在此基础上延伸出多巴胺亲子穿搭，在育儿的过程中也追逐潮流
新手妈妈	这类母婴用户对带娃生活抱有较高的期待，时常通过小红书来记录和分享宝宝的成长过程
精养妈妈	这类母婴用户大多为学霸或职场精英，在宝宝成长过程中的各个阶段、各个方面均有较高要求，且注重精细化喂养
富养妈妈	这类母婴用户大多拥有较强的经济基础，能够为宝宝提供优渥的生活环境，通常给宝宝使用较为高端的产品
成分妈妈	这类母婴用户大多注重专业化养娃、专业化带娃，十分关注各类母婴产品的成分，在母婴产品的安全性和可靠性方面的要求较高

▶ ②母婴行业洞察及赛道分析

小红书官方公布的数据显示，母婴赛道的整体搜索数据正在不断上升。由此可见，在购买母婴类产品之前，用户会在小红书平台中搜索相关信息。

从地域分布情况上来看，小红书中的母婴用户大多位于一二线城市；从年龄分布情况上来看，小红书中的母婴用户大多较为年轻。这些母婴用户属于高价值人群，对产品和内容的精致度的要求较高，对母婴类商家来说，应充分把握这一人群的特点，并在此基础上进行有针对性的营销。

在小红书平台中，母婴类目包含零辅食、早教、婴童辅食、奶粉、纸尿裤、婴儿车等多个品类，零辅食、早教、婴童辅食的搜索量最高，奶粉和纸尿裤紧随其后。根据实际搜索情况可知，这些品类的用户需求较高，在小红书中也形成了较为成熟的内容生态。

根据小红书官方公布的数据信息，待产包、孕妇洗护用品等品类的需求较小，但竞争较为激烈，属于红海赛道；婴童营养、婴幼儿服饰等品类的投放品牌较少，但搜索量较高，属于蓝海赛道。

小红书平台将整个母婴行业划分为四个主要类目，分别为母婴洗护、耐耗品、母婴小件和婴童食品。从实际搜索情况上来看，婴儿床、婴童面霜、安全座椅的搜索量较高，用户需求较大；早教、婴童服饰和婴幼儿早教的关注度较高；待产包和孕妇细分品类的市场相对较小，投放品牌较多，竞争较大。对一些新的母婴类商家来说，在小红书平台中进行投放时，应找准蓝海赛道，加快蓝海市场布局速度，降低竞争压力，抢占更多市场份额，并通过产出爆文的方式来提升产品销量。

从客单价和实用程度上来看，母婴行业可以划分成高客单价＋快消品、低客单价＋快消品、低客单价＋耐用品、高客单价＋耐用品四类。具体来说，客单价指的是单次消费金额，使用程度指的是快消。母婴行业四大分类方式，如图7-4所示。

图 7-4 母婴行业四大分类方式

高快策略：高客单价＋快消品玩法

下面我们分析基于"高客单价＋快消品"的品牌打法与策略。

"高客单价＋快消品"包含早教、高端奶粉、婴幼儿保健品等产品，且这些产品的品类天花板较高。该品类既能帮助母婴用户解决各项难题，也能在一定程度上吸引用户习惯性购买产品，部分母婴产品品牌还可以凭借自身较高的用户关注度进一步稳固市场份额，提高用户忠诚度，升级为强势品牌。

对这一品类的品牌来说，可以采取小红书达人种草的方式进行营销，提升品牌势能和认知度，并向用户提供试用装等产品，打消用户的顾虑，帮助用户了解产品的成分和功效，让用户可以放心购买。

以天然博士品牌的DHA产品为例，DHA是大脑和视网膜的重要构成成分，孕妇和婴幼儿适量补充DHA有助于宝宝眼脑发育。就目前来看，DHA产品的价格较高，属于高客单价＋快消品。在DHA产品营销过程中，天然博士通过小红书中的企业账号进行产品展示，并提出"好藻油，天然琥珀色"的宣传口号（如图7-5所示），突出产品卖点，置顶"老爸评测"的抽检笔记，向用户证明自身产品的安全性和有效性，同时借助专业号向用户传递产品信息和权威认证信息。

在笔记内容方面，天然博士主要宣传DHA的作用和对宝宝的益处，帮助用户了解产品功效，并将"好藻油琥珀色"的衡量标准加入笔记中，引导用户在同类产品中选择自身推出的DHA产品进行购买。

总而言之，对于"高客单价＋快消品"类的产品，品牌在营销时需要先借助专家类、垂直类博主的测评和认可来消除用户顾虑，提高用户信任度，再使用企业号进行权威背书转载，选择合适的达人进行广告投放，提高笔记互动量和品牌声量，实现有效的站内引流，促进用户消费决策。

低快策略：低客单价＋快消品技巧

"低客单价＋快消品"主要包含零辅食、孕婴童产品、纸尿裤等产品，这些产品的使用频率较高，用户跟随性较强，且能够在一定程度上培养用户习惯性购买和使用。对这一品类的品牌来说，可以通过达人推广的方式吸引用户尝试，并向用户提供试用品，再采集和整理用户使用体验，进一步加强产品推广。

图 7-5 天然博士企业账号

以妙可蓝多品牌的奶酪棒为例，该产品具有价格较低、消费频率较高的特点，属于低客单价＋快消品。在营销过程中，妙可蓝多一边通过企业号来推进跨界联盟、节日营销等官方活动，扩大宣传范围，一边与达人合作发布种草笔记，吸引用户购买产品。

在达人投放方面，品牌可以选择与腰部达人进行合作，利用这类达人良好的口碑来获取用户信任。在营销前期借助与母婴博主的合作实现精准投放，在营销后期展开与其他相关领域的达人的合作，通过达人笔记将营销范围从母婴赛道进一步拓展到美食、减肥等多个领域当中，实现破圈，扩大种草规模。

对于"低客单价＋快消品"类的产品，品牌营销的关键是提高影响力，扩大宣传规模。在进行达人投放时可以采用金字塔结构逐步推进，充分发挥用户生成内容（User Generated Content，UGC）的作用，提高用户的参与度，打造口碑效应，进而影响小红书平台中的消费者决策，再借助其他平台实现放量收割。

低耐策略：低客单价+耐用品攻略

"低客单价+耐用品"主要包含吸奶器、奶瓶等产品，这些品类大多具有成熟度高的特点，且能够催生出一些强势品牌。这一品类的品牌需要在小红书平台中投放购买攻略、品牌测评等笔记，并在笔记中明确阐述产品卖点，借助笔记来引导用户消费决策。

以布朗博士玻璃奶瓶为例，这类产品的整体价格不高，使用时间较长，属于"低客单价+耐用品"。在营销过程中，品牌通过企业号在小红书平台中进行官方宣传，发布品牌故事，并与达人和明星合作，投放广告和宣传笔记。布朗博士的小红书营销如图7-6所示。

图 7-6 布朗博士小红书营销

布朗博士主要选择母婴博主为合作对象，实现精准投放，并突出表现防胀气的产品卖点，借助差异化的卖点来增强产品竞争力。一般来说，这一品类的用户认知度较高，个别品牌已经占据了大部分市场，对新品牌来说，需要借助创新进入市场并占据一席之地，对老品牌来说，需要充分利用自身在消费者群体中的认知度，影响消费者心智。

高耐策略：高客单价＋耐用品战术

"高客单价＋耐用品"类主要包含婴儿床、安全座椅、月子中心等产品，这类产品大多具有复购率较低、广告宣传较少等特点。用户在购买这类产品之前通常会通过小红书中的评测类笔记来了解和分析产品、成分、功能等内容，并对同类产品进行比较分析。对这类产品来说，品牌在进行投放时应减少广告投放数量，提高广告投放的质量和精准性，并在小红书平台中发布产品评测笔记，借助这些笔记和专家背书来获取用户信任，吸引用户消费。

以惠尔顿品牌的安全座椅为例，在营销过程中，惠尔顿利用企业号来进行官方宣传，并发布"老爸评测"的产品测评视频，向用户展示产品的功能、质量和功效。同时与头腰部达人展开合作，借助达人的宣传来提高用户对产品的信任程度，让用户可以放心购买。惠尔顿小红书企业号如图7-7所示。

图 7-7 惠尔顿小红书企业号

安全座椅品类正处于品牌竞争阶段，品牌需要重点营销产品的差异化。惠尔顿在营销时通过老爸评测的视频向用户传达碰撞安全、面料安全、安装安全、工厂审核安全等信息，让用户在购买和使用产品时无后顾之忧。

综上所述，在小红书平台中，母婴品牌可以通过在专业号中发布相关内容来表现产品的权威性，并借鉴其他品类的营销方法，将专业号作为产品投放的主要阵地，转载合作达人发布的相关笔记，加强与用户之间的互动，提高搜索量和转化率，打造站内商业闭环，增加粉丝数量。

除此之外，在对高客单价的产品进行营销时，品牌需要与专家、明星、达人进行合作，消除用户顾虑，让用户放心购买；在对低客单价的产品进行营销时，品牌需要加强与中腰部和头部达人的合作，提升产品的影响力，并把握用户消费心理，刺激用户购买。总而言之，品牌需要针对各个诉求阶段和自身产品定位采取不同的营销手段，突出表现产品的差异化特点，提高宣传影响的有效性。

7.3 教育变革

平台赋能器：教育营销 3 大优势

随着幼教、中高考备考、考研、考公等教育话题的关注度日渐升高，小红书平台中的教育相关内容也越来越多。据"36氪"报道，2021 年小红书用户的教育相关笔记发布量同比增长 213%。小红书已经成为教育行业品牌获取增量的重要平台。

近年来，小红书逐渐实现了商业化，其社区生态也发生了一定变化。受小红书社区生态变化的影响，入驻小红书平台的教育品牌也开始对种草内容、种草形式和种草链路等进行优化升级，同时综合运用品牌企业号、员工号、教育博主账号等进行营销投放，提高品牌种草的有效性，与平台共同建立新的教育营销发展趋势。

就目前来看，教育行业在小红书平台中的增量正稳步上升，并不断拓宽营销渠道，进入其他赛道当中，通过在其他各个相关领域的营销进一步扩大品牌的知名度和影响力。例如，当前有越来越多的教育行业品牌进入到知识付费赛道当中。

2023 年 11 月，小红书召开"探见生活——小红书教育行业年度营销峰会"，并在会上首次发布小红书教育行业白皮书《拆解花园式经营》，为教育行业的品牌建设和营销增长提供指导。从实际操作上来看，教育行业需要通过小红书平台输出优质种草内容，并从内容、链路、口碑等多个方面入手对营销策略进行优化升级，同时以种草为出发点，以花园式营销为主要手段，大力推进全域营销工作，并积极响应国家号召，建设全民终身学习的学习型社会。

对教育行业的品牌来说，每个发展阶段都需要解决与这一阶段相对应的经营难题。例如，当教育品牌处于发展初期时，品牌的知名度较低，缺乏用户信任，在营销时难以获得精确的数据信息，且转化率较低，需要花费大量互动成本进行宣传。

小红书平台可以根据品牌的实际营销需求提供相应的营销策略，且内容覆盖品牌发展过程中的各个阶段，能够在素质教育、职业教育、知识付费等多个教育赛道中发挥作用，帮助品牌解决不同阶段的各类营销难题，充分满足教育品牌的营销需求。

具体来说，教育行业在小红书平台上具有以下 3 大营销优势，如图 7-8 所示。

图 7-8　教育营销的 3 大优势

▶ ①深度种草：精准触达目标用户

小红书可以综合运用浏览场和搜索场两种投放方式来输出高质量的种草内容，根据用户的浏览偏好和决策逻辑进行推送，以便助力品牌实现精准触达和高效转化，从而获得更好的营销效果。

小红书可以利用人群反漏斗法来采集销售线索，并根据需求将小红书中的用户群划分为核心人群、机会人群和潜在需求人群三大类，提高营销内容的丰富性，利用品牌/产品力内容、场景需求内容和 IP 热点趋势内容来进行营销，充分落实各项营销策略，实现精准触达。

不仅如此，品牌还可以在小红书平台中投放商业流量，加快优质内容的传播速度，扩大自身的影响力，形成用户口碑，同时也能够提高产品在目标人群中的知名度，将自身品牌和产品种草给更多用户，借助各种效果类商业产品推动生意增长。

▶ ②电商推广：实现流量转化与销售增长

小红书平台可以借助高质量的内容来提高用户转化率和商品成交率，并通过电商推广的方式将产品精准推送给潜在需求人群，增强内容的转化能力，促进用户决策。也可以通过直播推广的方式来加速品牌转化。

对成熟度较高的 IP 来说，可能会出现其他平台的流量成本增加，变现转化下降的问题。为了解决这一问题，品牌可以采用小红书的经营策略，选择其中一个赛道维持好心智，并投放商业流量。同时充分发挥人群反漏斗法的作用，广泛采集各类用户的信息，了解用户需求，向用户传递品牌价值，并通过直播来促进转化，借助营销获得良好的用户口碑，再通过用户口碑来驱动销售增长。

▶ ③组合营销：促进品牌高效转化

对入驻小红书平台的品牌来说，需要充分发挥结构化投放、智能化拓词、搜索产品更新等组合营销方法的作用，进一步提高内容质量，加大种草力度，推动用户决策。就目前来看，小红书平台打开了从种草到转化的营销道路，品牌可以通过同时投放优质内容和确定性流量的方式来提升营销效果。

例如，某学习机品牌在进入小红书平台后找到了用户需求与产品卖点之间的重合部分，并据此发布高质量的内容，对各类笔记投放商业流量，分析笔记内容、笔记类型和关键词等因素对营销效果的影响，找出最优度量值进行组合营销，大幅提高用户触达的效率和精度。该品牌投放到小红书平台中的笔记在曝光量和阅读量等方面均优于其他学习机相关笔记，增加了产品在小红书平台中的销售量，同时也促进了产品在其他平台的销量增长。

运营深耕法：教育营销 3 个层面

近年来，线下教育的发展速度越来越快，各类户外媒介、综艺导向的广告投放规模进一步扩大。在线教育领域的竞争日益激烈，广告成本和获客成本不断上升，教育营销开始向理性化和定向化的方向转变，同时性价比和口碑反馈的重要性日渐突出，转化周期也越来越长。

总的来说，教育营销所面临的难题主要涉及品牌层面、人群层面和生意层面，这 3 个层面的问题影响着教育品牌的增量，如图 7-9 所示。为了解决这些问题，获得品牌、人群和生意层面的正向价值，教育品牌需要充分发挥小红书平台在营销方面的作用，扩大品牌声量，并围绕自身目标用户群体进行营销推广。

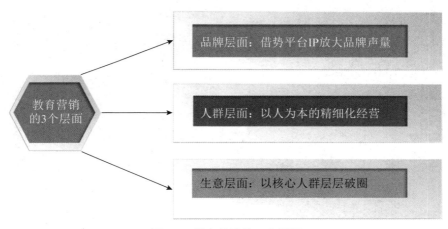

图 7-9　教育营销的 3 个层面

▶ ①品牌层面：借势平台 IP 放大品牌声量

在品牌营销过程中，教育品牌需要找准长期经营阵地，并突出表现自身的差异化心智，提高自身在消费者群体中的认知度和认同感。

小红书平台具有趋势洞察、人群洞察、内容场景化、IP 丰富等诸多优势，既能实现对消费人群和消费趋势的洞察，也能够在生活场景中对教育产品进行讨论，支持各个消费群体创作并分享真实的消费体验。由此可见，教育品牌可以借助小红书平台以不同的方式打造品牌心智。

在小红书平台的支持下，教育品牌可以按以下步骤完成差异化心智打造。首先，教育品牌应在人群洞察的基础上完成内容种草工作；其次，教育品牌需要利用小红书平台中的内容 IP 来扩大品牌声量；最后，教育品牌还要充分利用私域流量，提高流量转化率。教育品牌在小红书平台中的营销能够从核心人群逐渐辐射到其他各个相关圈层当中，提高品牌在各个圈层中的影响力和认可度，以便后续推进各项销售工作。

以培生的英语培训课程（Pearson Test of English，PTE）为例，我国在托福、雅思考试培训方面的市场较大，培生需要借助差异化的营销实现在中国市场的有效获客。培生的小红书营销如图 7-10 所示。

图 7-10　培生的小红书营销

从实际操作上来看，一方面，培生可以与达人进行合作，借助达人在小红书平台发布的英语学习方法笔记和 PTE 考试相关内容向潜在用户种草 PTE 考试和官方小程序；另一方面，培生可以充分利用小红书平台中的相关话题，如"准留学生出圈指南"等，提高自身在留学教育领域的知名度和营销力，并向官方账号引流，通过与用户之间的实时互动来提高自身在粉丝群体中的认可度。除此之外，培生还可进行 IP 营销，借助 IP 来增加品牌曝光，提高 PTE 搜索指数，抢占用户心智，实现有效拉新。

▶ ②人群层面：以人为本的精细化经营

为了实现生意转化，品牌在进行教育营销时需要以消费者为中心开展各项活动，加强自身与消费者之间的连接，积极争夺用户心智，同时也要借助知识分享博主的力量，以合作的方式发布优质内容，凭借具有真实性的笔记来增加产品的体验价值，帮助用户了解产品，增强品牌与用户之间的黏性。

新东方在入驻小红书平台后亟须解决用户流失问题，因此发布大量不同维度内容的笔记，如考研时间线、备考重点、择校方法、专业选择方法、备考方法、自学与报班的区别等，利用笔记内容吸引目标用户，精准触达存在考研需求的用户群体，并在笔记中标注正价课的课程信息，从大量用户中筛选出选择报班考研的用户，以便实现用户精准转化。新东方的小红书营销如图 7-11 所示。

图 7-11　新东方的小红书营销

在小红书营销过程中，新东方不仅与 KOL 合作进行内容输出，还加大了 KOS 布局力度，积极打造专业员工 IP 形象，如资深顾问、课程助理、明星讲师等，建立贴近用户的内容体系，提高营销内容和营销链路的多样性，增强营销的内容渗透率，利用各项营销活动来获取更多增量用户。

除此之外，新东方还利用私信通产品与用户进行沟通，以便及时回复用户信息，提高品牌与用户联系的紧密性，留住更多用户。同时也可以借助该产品进一步提升获客量级、开口留资率和留资量，减少在营销方面的成本支出。

▶ ③生意层面：以核心人群层层破圈

从本质上来看，提高品牌价值和抢占用户心智都是为了实现生意转化。在教育营销方面，小红书平台既能帮助品牌实现高效转化，也能作为交易平台，让品牌可以直接引导用户在平台中完成消费。

对用户来说，可以根据自身需求在小红书平台的搜索栏中搜索所需信息；对品牌来说，可以通过小红书平台建立消费心智，并利用丰富的营销内容来向用户种草，帮助用户了解品牌和产品，引导用户下单，达到促进用户转化的目的。

品效合一策：品牌战略落地实践

就目前来看，部分教育品牌正不断加快在小红书平台进行营销布局的速度，并从以下 3 个方面入手实现营销战略的落地，如图 7-12 所示。

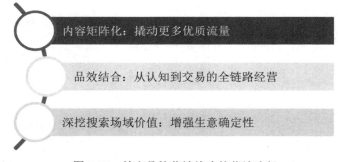

内容矩阵化：撬动更多优质流量

品效结合：从认知到交易的全链路经营

深挖搜索场域价值：增强生意确定性

图 7-12　教育品牌营销战略的落地路径

▶ ①内容矩阵化：撬动更多优质流量

小红书平台中的场域主要包含浏览场、搜索场和消费场。品牌可以借助出现在浏览页中的 KOL 笔记向用户种草，借助关键词将笔记带到用户的搜索页当中，利用笔记内容吸引用户，促进用户决策。

在小红书平台中，品牌方不仅可以利用官方号和达人 KOL 进行营销，还可以建立各类人设账号，如品牌员工等，并在这些账号中发布高质量的教育产品介绍笔记，通过 KOS 种草的方式实现精准获客。

与此同时，小红书中的用户可以发布笔记分享自身的产品使用感受，品牌方可以以 KOS 的身份与用户进行交流，从而在确保自身专业性的同时提高用户对品牌的信任度和认可度，让用户可以在掌握品牌信息的情况下进行决策。

在小红书平台中进行营销时，教育品牌搭建多元化的品牌矩阵，并将综合运用官方权威账号、KOL 达人内容和 KOS 品牌内部人设内容融入其中，利用权威性的品牌课程、真实的用户分享和丰富多样的内容实现有效的用户触达，进而获取更多优质流量，进一步扩大营销范围，提高营销的有效性。

▶ ②品效结合：从认知到交易的全链路经营

小红书中的用户均可以通过发布笔记的形式进行内容创作，且表达方式和内容场景并无过多限制。用户发布的种草笔记往往能够获得更多消费者的信任，并实现对消费者心智的长期影响，从而为品牌在小红书中的营销提供助力。

对品牌方来说，创作并发布高质量的种草笔记能够迅速提高 ROI 和用户的参与度，带动更多用户进行内容创作，从而充分发挥用户生成内容的作用，借助用户的力量进行营销并形成长尾效应。

除此之外，小红书还通过在交易层面的升级进一步提高了站内转化率。在营销过程中，教育品牌可以将商品卡添加到种草笔记中，为用户下单提供方便和指引，也可以利用种草笔记为店铺直播间引流，并在直播的过程中引导用户下单。

小红书平台打通了从种草到下单的整个过程中的所有环节，能够助力教育品牌进一步提升种草效率和转化能力，同时实现在品牌建设和销售转化两个方面的各项目标，并为教育品牌的长期建设提供支持。

▶ ③深挖搜索场域价值：增强生意确定性

品牌应充分利用新搜索营销产生的增量，推动生意快速增长。在小红书平台中，搜索逐渐成为品牌获得增量的重要阵地。一般来说，当用户对产品或服务的了解较少时，通常会通过搜索的方式来获取更多相关信息，而小红书则是大多数用户在搜索时的首选。

为了为用户获取信息和品牌营销提供方便，小红书推出了快投服务等多种搜索产品，让品牌方可以通过关键词投放、结构化投放等方式进行营销，提高投放效率，针对自身实际需求对投放比例进行优化调整。不仅如此，小红书平台还推出了智能化拓词工具，为商家选择关联词提供方便，从而实现精准的关键词搜索。除此之外，小红书平台中的智能化创意功能也为品牌的创新工作提供了支持，让品牌可以针对各种诉求快速产出相应的创意产品，并确保产品的新鲜性。

案例启示录：庄重读书与雪梨老师

▶ ①庄重读书：品牌突围"四步法"

在营销初期，庄重读书会并未明确广告投放方向，难以实现有效营销。随着与小红书平台之间的合作日渐深入，庄重读书会确定了营销的方向和策略，并根据实际情况不断对营销策略进行优化，对营销方向进行调整。其小红书企业号如图 7-13 所示。

图 7-13　庄重读书会的企业号营销

具体来说，庄重读书会主要从以下四个方面入手展开营销策略。

a. 找机会，挖掘品牌价值，探索未知市场。庄重读书会发现少儿阅读领域尚未充分开发，存在许多新的商机，且这一赛道在小红书平台中的搜索指数正迅速增长，可以及时抓住机遇，建立竞争优势。

b. 找场景，明确产品核心卖点，把握用户需求。庄重读书会发现，自身产品的核心卖点为书单推荐、阅读方法和阅读能力提升，这些卖点恰好符合用户需求，且用户搜索需求较大，竞争者较少，可以通过对产品核心卖点的有效营销来占据更大的市场。

c. 找人群，针对用户需求制定相应的营销策略。庄重读书会充分利用小红书平台的人群反漏斗模型，采集和分析用户信息，根据各类用户分别制定相应的营销策略，提高营销内容的针对性，以便实现对各个目标用户群体的精准触达。

具体来说，第一，庄重读书会选择利用矩阵号、名师 IP 和产品信息等进行营销，增强品牌对品类新知用户群体的吸引力；第二，庄重读书会选择通过展示阅读方法、推荐符合场景需求的书单和分享阅读能力提升方法等方式进行营销，吸引关心阅读类赛道的用户群体的兴趣；第三，庄重读书会还通过 IP 破圈、活动 KOL 等营销方式来获取更多公域流量，达到吸引潜在需求人群的目的。

d. 扩影响，合作平台营销 IP，推动品牌破圈突围。庄重读书会积极跟进小红书平台中的热点话题，并将其与产品核心卖点结合，让自身产品出现在热门事件当中，扩大营销范围，同时在读书日与小红书平台中的达人进行联动，实现破圈突围。

庄重读书会通过在小红书平台中的营销大幅提高了自身的营业额和站内搜索指数，增强了自身在少儿阅读领域的影响力，同时用户互动量和转化率也迅速上涨，实现了有效营销。

▶ ②雪梨老师：营销组合策略的应用

"雪梨老师"是知识付费领域的头部 IP，具有知名度高、影响力大等优势，但同时也存在拉新成本高、直播转化率低等不足之处。为了实现商品交易总额（Gross Merchandise Volume，GMV）的增长，"雪梨老师"利用小红书的人群反漏斗模型和 KFS 模型进行营销，同时综合运用店铺直播、达人直播等多种营销策略，以组合营销的方式提高商品销量。

a. 发掘市场空白领域，明确产品定位。"雪梨老师"对小红书平台中的数据进行深入分析，根据热度判断出"英语语法"是需求最大、受众最广的内容，但这一赛道的竞争激烈程度也最高。"自然拼读"在零基础人群中的热度较高，需求较大，且与自身优势课程和小红书平台的教育趋势相符，因此针对英语零基础人群推出了一系列优质内容。

b. 精准定位目标人群，精细化运营沟通。"雪梨老师"利用小红书平台的人群反漏斗模型对用户进行筛选和分类，将用户群体划分成核心人群、高潜人群和泛人群三大类，并根据三个群体的实际情况分别制定相应的营销策略和营销内容。

c.加快用户转化，促进销量增长。"雪梨老师"同时采用店播和达播两种方式进行营销。一方面，"雪梨老师"团队利用品牌主理人账号"英语雪梨老师"来向用户分享干货知识，通过直播带学来累积品牌客资，提高粉丝黏性；另一方面，"雪梨老师"团队利用品牌官方号"雪梨老师"来进行产品销售，并在直播中安排助播老师为用户介绍产品和答疑解惑。

"雪梨老师"借助"KFS+店播+达播"的组合营销策略实现了粉丝量的增长，同时也大幅提高了小红书搜索量、直播间GMV和官方店铺GMV，实现了有效获客。

小红书平台既有良好的学习氛围和大量来源于用户的学习资源，也有符合平台价值特性的营销方法论，能够从内容、搜索、电商推广等多个场域为品牌商业转化提供支持，是教育品牌营销种草的重要阵地。未来，小红书平台将进一步优化升级营销方法和营销工具，为教育行业的品牌营销提供更有效的营销方法和更好的营销效果。

7.4 婚纱摄影秀

定位瞄准镜：目标受众精准分析

在流量为王的时代，婚纱摄影作为一种产品和服务，与其他类别的产品一样，其品牌的推广也必然离不开网络与平台。小红书作为连接内容、内容生产者和消费者的高质量社区平台，具有用户规模大、传播能力强、转化效率高等优势，且其用户主要以青年群体为主，与婚纱摄影品牌的目标群体重合，因而小红书是婚纱摄影品牌进行营销推广的首选。

婚纱摄影品牌在小红书平台的营销推广如图7-14所示。

▶ ①小红书在婚纱摄影品牌推广中的优势

小红书平台上的内容种类颇多，但以时尚、美妆和日常生活分享为主，因而其用户也多为追求生活"质感和美感"并愿意为之消费的年轻群体。具体来说，这类用户在消费决策方面兼具理性与感性，在追求实用的基础上对于情绪满足也有较多的要求，消费能力和消费意愿强，因而品牌在制定营销策略时，要充分考虑到用户的这些特点。

图 7-14 婚纱摄影品牌的营销推广

作为一个内容导向的社交平台，小红书进行婚纱摄影品牌推广的优势体现在以下三个方面。

a. 丰富的关联内容分享。作为一个生活分享平台，很多用户会在平台上展示自己的婚纱照，以及发布在拍摄过程中需要注意的事项等经验帖，这些帖子往往内容丰富，所提供的信息真实可靠，能够在短时间内吸引大量关注。

b. 传播能力强、效果好。由于高质量内容分享平台是小红书的定位之一，内容的质量决定着平台流量分配的多少，且平台本身具有社交性，因此，平台用户对相关内容中建议的采纳度较高，且更容易产生自发分享行为，有利于形成波纹效应，从而推动品牌信息的扩散，使宣传活动能够辐射到潜在消费者。

c. 受众定位精准。通过搜索，能够在＃婚纱摄影＃等话题的评论区找到大量有相应需求的用户，有助于进行一对一推广；通过具有定向推送功能的标签系统和个性化算法，能够更加高效地将推广信息推荐给目标受众，提高转化率。

▶ ②品牌定位与目标受众选择

a. 品牌特色定位的重要性。在通过小红书进行品牌宣传前，婚纱摄影品牌需要全面审视自身的特色，明确定位，即找准"赛道"。具体包括品牌拍摄的画面风格、所营造的氛围、成片的创意亮点、品牌的核心理念等，通过在营销时对上述维度进行展示，才能够在用户之中留下独特的印象，提高辨识度。以韩约艺匠为例，该品牌所走的路线是韩系清新唯美风格，所营造的氛围是庄重、柔美、简洁，明星级棚拍、高质感成片是其亮点，因而在追求"高级感"的年轻人当中深受欢迎。

b. 目标受众群体分析与选择。借助大数据对小红书平台用户特点进行归纳总结，形成清晰的用户画像，结合自身品牌特色与用户进行匹配，确定品牌营销所面向的群体，如喜欢欧式田园风格的、喜欢森系小清新风格的、喜欢中式喜嫁风的。随后进一步对所确定的目标受众进行分析，确定其偏好的选题、服务需求和消费层级，确定营销内容与实施方式。

创作吸引力：提升用户关注妙招

▶ ①制订全面的内容计划

结合婚纱摄影品牌的风格特色与目标受众在婚纱照拍摄前及拍摄过程中的需求以及可能存在的疑问，进行内容计划的制订。此阶段要将内容的实用性价值作为核心，通过为用户提供婚纱摄影主题参考（以摄影作品的形式展示）、拍照姿势指导、妆造指南、误区提示等内容，帮助用户解决实际问题，提升用户的点击率，获得用户对于品牌的关注。

▶ ②呈现专业、精美的婚纱摄影作品

在小红书上进行婚纱摄影作品展示时，要从妆造、画面质感、光影构图等基础性维度和画面情感表达、画面辨识度、画面氛围特色等个性化维度两方面加以考虑，同时可以通过音乐、文字解说等强化作品的风格特色，讲述拍摄故事，进一步增强作品的感染力，提高与同类作品的区分度。

以北遇深圳摄影工作室的笔记为例，该篇笔记具有较高的辨识度，其所展现的是民国复古风的婚纱照，能够迅速抓人眼球。再配上具有引导性的文案："原来复古婚纱照拍出来这么好看！"能够快速引起浏览者的兴趣，激发他们的了解欲望，达到较好的营销效果，如图7-15所示。

图 7-15 北遇深圳摄影工作室

▶ ③选题内容创新

在图文笔记创作方面，许多品牌商家选择使用来源于美团、大众点评等平台的图片，但由于小红书平台中用户对笔记内容的要求更高，这些图片难以有效吸引用户，因此品牌商家必须加强创新，并通过创新来提高自身笔记对用户的吸引力，以便获得更多市场机会。

美籍奥地利政治经济学家约瑟夫·熊彼特（Joseph Alois Schumpeter）认为，所谓创新就是要"建立一种新的生产函数"，即"生产要素的重新组合"。对婚纱摄影类商家来说，在进行内容创作时需要在视觉和选题方面进行创新，如宇航员婚纱、沙漠婚纱、明星婚纱等较为新颖的选题，并借助创新来提高笔记的点击率和互动率，如图 7-16 所示。

图 7-16　各类创意十足的婚纱风格

▶ ④在实用经验帖中进行作品植入

在提供实用信息与建议的同时将婚纱摄影作品巧妙地"植入"指南页面，既满足了用户需求，同时也能在不知不觉中更好地将用户的注意力吸引到作品上来，增加用户选择品牌的可能性。婚纱摄影品牌可以通过发布"如何选择婚纱照服装""拍照姿势攻略""婚纱照风格搭配"等内容为有需要的用户进行指导，而配图均选用品牌以往的摄影作品，当用户想要通过图片加深对内容的理解时，自然也就更加注意到工作室的摄影作品，如图 7-17 所示。

▶ ⑤发布用户 UGC 并加以引导

充分利用小红书的社交性，鼓励用户通过小红书平台发布自己的婚纱照和拍摄心得，通过用户生成内容的方式扩大品牌和作品的影响力，同时增强用户对产品的信任度。在此基础上，通过发起"晒一晒你的婚纱照""你的婚纱照也是

×××拍的吗"等话题以及举办 UCG 活动等进行引导，进一步增强品牌作品的曝光度和讨论热度。

图 7-17　婚纱摄影的实用经验分享

▶ ⑥开展有趣的创意互动活动

参照小红书平台的功能特色，将品牌特色化融入各种特色活动之中，鼓励用户积极与品牌进行互动。如发布抽奖活动、婚纱摄影故事征集、最美婚照擂台赛等，提高品牌的活跃度，形成品牌与用户之间的亲密互动关系，保证品牌的影响力。

此外，商家在撰写笔记和发布笔记的过程中需要不断学习，并在完成笔记发布工作后进行科学复盘，总结归纳成功经验，找出不足之处，以便为以后的笔记投放和企业号运营提供指导。

工具优化器：笔记质量提升秘籍

对婚纱摄影类商家来说，为了在小红书平台中实现有效的内容营销，需要先注册一个专业号，并将这一专业号与门店绑定，添加联系方式等基础信息；也可以借助小红书平台的官方薯条和效果类工具为自身发布的优质内容增加流量，以便实现对私域流量的积累；还可以利用关键词规划工具、官方营销日报等工具辅助内容创作，提高内容质量。

▶ ①关键词规划工具

关键词规划工具是小红书专业号平台中的关键词查询端口，主要服务于投放广告类客户，能够为这类客户的内容策略制定工作提供一定的支持。具体来说，婚纱摄影类商家可以将"婚纱照""结婚拍照""婚纱摄影"等关键词输入到关键词查询端口当中，获取小红书专业号平台的系统所推荐的各个相关关键词，并据此进行分类，设计内容投放方案。关键词规划工具如图7-18所示。

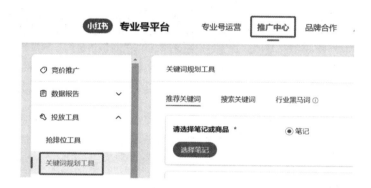

图7-18 关键词规划工具

从各个婚纱摄影相关关键词的搜索情况上来看，婚纱照风格、婚纱照拍摄功率以及地域搜索和婚纱照品牌是用户搜索的主要内容，且婚纱照风格在各类搜索词排序中位于前列。由此可见，品牌应将婚纱照风格相关关键词加入笔记内容当中，为用户搜索提供方便，让用户可以了解账号内容风格，同时也能够在一定程度上加深这一风格，并提升笔记被用户搜索到的概率。

不仅如此，在小红书平台中，婚纱照地域属性搜索指数也比较高，品牌还可以将地域关键词加入笔记当中，让更多搜索这类关键词的用户看到自身发布的笔记，进而达到抢占用户搜索流量的效果。

▶ ②官方投放日报

小红书运营是一项具有一定复杂性和持续性的工作，需要相关工作人员不断进行笔记创作，并在创作过程中借鉴同类风格的优质笔记，对好的笔记标题进行模仿和创新，同时也要采集和分析笔记的各项数据，对笔记营销情况进行复盘，找出点击率最高的笔记。

除此之外，婚纱摄影类商家还需要从各类关键词入手进行营销，将品类关键词、细分关键词、品牌词和地域关键词等加入笔记内容当中，以便在用户搜索这些关键词时让笔记出现在搜索界面当中，影响用户决策。

具体来说，品类关键词主要包含婚纱摄影、婚纱照拍摄等词汇，细分关键词主要包含高级感婚纱照、森系婚纱照等词汇，品牌词指的是商家店铺名称和品牌名称等词汇，地域关键词主要指三亚婚纱摄影、海南婚纱摄影等包含地区名的关键词。

官方投放日报可以为商家了解近期投放情况提供方便。对婚纱摄影类商家来说，可以通过官方投放日报来获取近期婚摄投放风格等信息，如秀禾风、赫本风、高级感、森系风等，在未能确定笔记内容时，可以选出排序靠前的一种风格来进行笔记创作。

▶ ③ 3-10-1 内容创作法

3-10-1 内容创作法是用户进行小红书笔记创作的重要工具，能够为用户的内容创作工作提供优秀的账号和优质的笔记作为参考。具体来说，在 3-10-1 内容创作法中，3 代表 3 个热门选题，10 代表 10 条热门笔记，1 代表 1 条热度最高的笔记。

从实际操作上来看，在使用 3-10-1 内容创作法时，婚纱摄影类商家需要先选出 3 个热门选题，例如，秀禾婚纱照、中式婚纱照、法式婚纱照，再针对每个选题各选 10 条热门图文笔记，并分析这些笔记的各项数据，从中选出热度最高的 3 条笔记，最后结合自身兴趣和操作难度等因素，进一步明确笔记风格、图片拍摄方法和文案结构，并进行模仿创作。

达人合作计：博主合作效果监测

▶ ①博主推广合作流程

a. 选择合适的博主合作伙伴。针对婚纱摄影品牌的风格特色与受众定位，在小红书上选择风格与品牌匹配度较高且具有一定流量的博主进行合作，能够更好地提升营销的辐射能力，提升转化率。这些博主应具有以下特点。

风格和人设与品牌定位契合，能够以极强的表现力展现出摄影作品的美感，如中式风格的婚纱摄影品牌可以与古风变装博主合作、欧式田园风格的婚纱摄影博主可以与英式短片拍摄博主合作。

在婚纱摄影领域有一定的专业性和影响力，如与专业的婚纱摄影测评博主、探店博主进行合作等。

粉丝群体与品牌目标受众有较高的重合度，如与美妆领域的婚礼跟妆达人进行合作等。

b. 定制创意内容与推广形式。确定合作对象后，与合作博主共同确定具体的推广内容与推广形式。如进行婚纱拍摄案例分享、在博主的内容中发布品牌作品、邀请博主体验线下活动等，更好地对品牌价值和产品及服务的特色进行展示。

c. 制定明确的合作细则与约定。为确保合作过程的顺利进行，避免出现纠纷，双方应就合作过程中的一些细节性问题展开讨论并达成共识。如约定合作的方式、进行内容发布细节的确定、明确对推广效果的评估标准以及后续的利益分配问题等。同时，在合作过程中双方应及时进行沟通，确保高效合作。

▶ ②数据监测与营销效果评估

a. 设立合理的数据监测指标。为了科学地评测婚纱摄影品牌的推广效果，对所进行的营销活动进行更加深刻全面的认识，需要制定合理的数据监测指标，对推广效果进行量化。数据监测指标的内容包括账号的涨粉量、内容互动度、用户转化率、投入产出比等，通过对推广效果的评估实现策略优化与经验沉淀，提高品牌的整体营销能力。

b. 营销效果评估与迭代优化。定期对推广策略和营销效果进行审视评估，形成具有指导意义的营销总结。同时通过数据比对分析及时梳理出营销过程中存在的难点、痛点、堵点，有针对性地提出相应的解决方案。对以往营销活动进行反思和经验沉淀，不断进行营销策略的迭代升级。

024 年 10 月，与永和豆浆创始人林炳生先生合影。

2021 年 11 月，与福布斯环球联盟影响力企业家联席会长刘东明先生合影。

2023 年 11 月，与法国活动绘画艺术家菲利普·德·莱斯特兰奇合影。

2023 年 11 月，与法国前总理拉法兰先生合影。

2024 年 10 月，与百果园集团
总裁徐艳林女士合影。

2024 年 4 月，采访国家名导师资库
成员闫文强先生。

各类社会活动
让笔者对商业运营和广告营销
有了更深的体悟

2024 年 12 月，采访易经国学传承
人慈雨先生。

2024 年 11 月，与网络红人
"北美崔哥"合影。